经济学学术前沿书系

Research on Investment Economy and Price Mechanism of New-type Electrical Energy Storage

新型储能投资经济性及电价机制研究

尹 硕　尤培培　杨萌　主　编
白宏坤　金 曼　柴 喆　陈　兴　郭森　副主编

经济日报出版社
北　京

图书在版编目 (CIP) 数据

新型储能投资经济性及电价机制研究 / 尹硕等主编
. —北京：经济日报出版社，2022. 8（2025. 7 重印）

ISBN 978-7-5196-1156-9

Ⅰ. ①新… Ⅱ. ①尹… Ⅲ. ①储能—投资经济学—研究—中国 ②电价—研究—中国 Ⅳ. ① F426. 2 ② F426. 61

中国国家版本馆 CIP 数据核字（2022）第 137105 号

新型储能投资经济性及电价机制研究

XINXING CHUNENG TOUZI JINGJIXING JI DIANJIA JIZHI YANJIU

尹 硕 尤培培 杨 萌 主编

白宏坤 金 曼 柴 喆 陈 兴 郭 森 副主编

出版发行：经济日报出版社
地 址：北京市西城区白纸坊东街 2 号院 6 号楼
邮 编：100054
经 销：全国各地新华书店
印 刷：北京天宇星印刷厂
开 本：710mm × 1000mm 1/16
印 张：9.75
字 数：161 千字
版 次：2022 年 8 月第 1 版
印 次：2025 年 7 月第 3 次印刷
定 价：46.00 元

本社网址：www. edpbook. com. cn，微信公众号：经济日报出版社

编委会

主　编　尹　硕　尤培培　杨　萌

副主编　白宏坤　金　曼　柴　喆　陈　兴　郭　森

编　委　王忠强　郭建宇　路　尧　郭兴五　刘军会

燕　景　苗福丰　尚静怡　李　锰　袁　良

前　言

“十四五”时期是加快建设以新能源为主体的新型电力系统、推动实现“碳达峰”任务目标的关键时期，亟须进一步加快可再生能源发展。然而，出力具有波动性、间歇性和不稳定性的可再生能源快速发展在促进能源转型的同时也带来电网稳定性和生态环境保护等方面的隐忧，可再生能源按照电网承载能力有序接入，配套相应规模的储能装置，并纳入电网调节统一控制，是解决可再生能源发展带来电网安全稳定问题的必由之路。

储能是提升电力系统灵活性、经济性和安全性的重要手段，是提高风、光等可再生能源消纳水平，支撑分布式电力、微网及智慧能源发展，推动主体能源由化石能源向可再生能源更替的关键技术。目前，我国抽水蓄能、新型储能发展较快，尤其是电化学等新型储能实现了连续十余年的快速发展，从研发示范、商业化初期逐步向规模化发展转变。一些省份的抽水蓄能发展态势较好，电化学储能等新业态示范应用起步较早，培育形成了一批储能产业链相关骨干企业，储能设施发展具备了一定基础，但仍面临储能设施建设成本较高、商业模式缺乏、价格机制及市场化机制不完善、投资成本回收途径有限等诸多问题。

因此，本书对新型储能投资成本、收益等经济性问题及电价机制进行研究。第一，分析国内外储能发展现状及相关国际经验，并进行对比分析；第二，基于平准化成本理论构建新型储能投资成本测算模型、基于学习曲线理论构建储能投资成本预测模型，并选取锂离子电池为例，对电化学新型储能投资成本进行测算和预测；第三，分析电源侧、电网侧和用户侧的新型储能收益构成，构建电源侧、电网侧和用户侧新型储能投资收益模型，对我国典型省份电源侧、电网侧和用户侧新型储能投资收益进行测算；第四，基于经济学外部性理论，分析新型储能对电力系统多元利益主体带来的外部性影响，构建新型储能综合价值测度模型，并进行了测算分析；第五，研究新型储能电价相关理论和新型储能电价设计的原则，并对我国典型省份电源侧、电网侧和用户侧的新型储能投资成本疏导路径进行分析，在此基础上设计电源侧、电网侧和用户侧的新型储能电价机制；第六，提出新型储能投资回收策略的思路，并对我国典型省份电源侧、电网侧和用户侧的新型储能投资回收策略进行研究。

本书得到了国家自然科学基金项目“计及外部效应的电网级储能系统动态定价模型研究”（71801092）和国网河南省电力公司经济技术研究院项目经费的支持。感谢课题组成员的研究工作！感谢国内外相关专家学者的指导和帮助！书中借鉴和引用了国内外有关研究成果，书后附有参考文献，在此表示衷心的感谢！囿于我们的知识水平和能力，书中难免存在不足和待商榷之处，恳请读者批评指正！

编者

2022 年 2 月

目　录

第一章　国内外储能发展现状及相关国际经验

第一节　国内外储能发展现状分析

1.1.1 储能分类及技术特点

1. 储能的分类

根据国际电工委员会（IEC）的定义及分类，储能主要是指电能的储存，是指将电能转化为其他形式的能量储存起来，从而实现能量的跨时间转移的过程。储能主要分为以下三大类。

（1）物理类，包括抽水蓄能、压缩空气储能、飞轮储能等。

（2）化学类，包括普通化学类如氢能、合成天然气等，其作为二次能源载体，将能量储存在化学燃料中；还有电化学类如各种二次化学，具体有锂离子电池、铅蓄电池、熔融盐电池和液流电池等。

（3）其他储能，包括电气类将能量存储在电场中的超级电容和将能量存储在磁场中的超导储能；还有热储能，包括高温熔融盐储热、冰蓄冷、采用相变材料和热化学材料储能等。

各类储能的特点如表 1–1 所示。

表 1–1　储能的技术类型及工作原理

分类	技术类型	工作原理
物理储能	抽水蓄能	采用水、空气等作为储能介质，介质之间不发生化学变化
	压缩空气储能	
	飞轮储能	
化学储能	铅蓄电池	储能介质为各种化学元素，将能量

续表

分类	技术类型	工作原理
化学储能	锂离子电池	储存在化学燃料或其他化学材料中，充放电过程伴随储能介质的化学反应
	液流电池	
	熔融盐电池	
	镍氢电池	
其他储能	超级电容器	利用电容材料和超导材料实现快速响应，释放大功率电能，多次循环
	超导储能	
	高温熔融盐储热	采用相变材料和热化学材料储能
	冰蓄冷	

2. 各类储能的技术特点

从储能技术发展和应用情况看，目前，物理储能包括抽水蓄能、压缩空气蓄能和飞轮储能等，其中抽水蓄能容量大、度电成本低，适合百兆瓦及以上规模的储能应用，并已实现商业化应用，是物理蓄能中应用最多的储能方式；传统压缩空气蓄能技术相对成熟；高速飞轮储能已在轨道交通、制动能量回收等非电力系统领域中得到成熟应用，在电力系统中通常会与能量型储能技术配合应用，以充分发挥其功率性能优势。

电化学储能是近年来发展迅速的储能类型，主要包括锂离子电池储能、铅蓄电池储能、液流电池储能和钠硫电池储能等，其中锂离子电池在近年来电动汽车产业快速发展的带动下，技术性能快速提升、规模化成本效应日益显现，凭借技术自身在能量密度、功率性能、响应速度等方面的多重优势，目前已经成为应用领域最为广泛的一种储能电池技术；铅蓄电池具有较长发展历史，由于性能稳定、成本低廉，在分布式发电和微网领域有大量的应用案例；液流电池和钠硫电池是先进大容量电化学储能技术的代表，由于储能时间长、储能容量大、循环寿命长等优势，备受大规模可再生能源并网示范项目的青睐。

其他储能方式包括超导储能和超级电容器储能等，目前因制造成本较高等原因仅建设有示范性工程，距离规模化应用仍需要一定的时间。

当前各类储能技术处于不同的发展阶段，在功率密度、能量密度、集成功率等级、循环寿命、能量转换效率、成本和持续放电时间等技术指标的表现上具有很大的差别，主要技术参数对比如表 1–2 至表 1–4 所示。

表 1-2　物理类储能技术参数对比

性能	抽水蓄能	压缩空气储能	飞轮储能
安全性	高	高	中
持续放电时间	数小时	数小时	数分钟
响应速度	s-min	s-min	1-20ms
放电深度	较低	-	较低
工作温度范围（℃）	0-60	35-50（储气温度）	-40-50
功率等级	10-2000MW	10-300MW	5kW-1.5MW
循环寿命（次）	>15000	>10000	50000
能量转换效率（%）	70-80	41-75	80-90
体积功率密度（kW/m^3）	0.1-0.2	0.2-0.6	5000
体积能量密度（kWh/m^3）	0.2-2	2-6	20-80

表 1-3　电化学类储能技术参数对比

性能	钠硫电池	钒液流电池	铅碳电池	磷酸铁锂电池	钛酸锂电池
安全性	低	高	高	中	中
持续放电时间	数小时	数小时	数小时	数小时	数小时
响应速度	20ms-s	20ms-s	20ms-s	20ms-s	20ms-s
放电深度	较高	完全深度	低	高	高
工作温度范围（℃）	300-350	0-40	-40-50	-20-60	-30-40
功率等级	1kW-100MW	10kW-100MW	lkW-50MW	lkW-100MW	1kW-10MW
循环寿命（次）	1500-3000	13000	2500-3000	2000-3000	10000
能量转换效率（%）	83	60	90	90-95	>90
体积功率密度（kW/m^3）	120-160	0.5-2	-	1300-10000	-
体积能量密度（kWh/m^3）	150-300	15-25	-	200-400	176

表 1–4　其他储能技术参数对比

性能	氢储能	超导储能	超级电容	熔融盐蓄热
安全性	低	中	中	中
持续放电时间	数小时—数周	数秒	数秒	数小时
响应速度	20ms–s	1–5ms	1–20ms	min
放电深度	–	较高	较高	–
工作温度范围（℃）	–	（–253）–（–196）	–40–70	60–1000
功率等级	lkW–1GW	10kW–1MW	10kW–l.5MW	50–280MW
循环寿命（次）	–	100000	10^4–10^5	–
能量转换效率（%）	40–50	75–80	85–90	–
体积功率密度（kW/m^3）	600	2600	40000–120000	–
体积能量密度（kWh/m^3）	0.2–20	6	10–20	–

基于各储能方式的技术参数，总结梳理储能技术特性并对比分析各类储能方式的优劣性，结果如表 1–5 及 1–6 所示。

表 1–5　储能技术特性及优劣性对比分析

储能类型		优势	劣势
物理类储能	飞轮储能	大容量	低能量密度
	抽水储能	大功率、大容量、低成本	场地要求特殊
	压缩空气	大功率、大容量	场地要求特殊
电气类储能	超导储能	大容量	低能量密度、高成本
	超级电容	长寿命、高效率	低能量密度
电化学类储能	铅酸电池	低投资	寿命短
	钠硫电池	高能量密度、高成本	运维复杂
	液流电池	大容量、长寿命	低能量密度
	锂离子电池	高能量密度、污染小	造价高

表 1–6　电化学储能技术性能参数

类别	系统建设成本（元/千瓦时）	循环次数	能量转换效率	耐热性（℃）	自放电率（%/月）	响应速度	优点	缺点
磷酸铁锂电池	1300–1600	6500–8000	>90%	800	1.5	毫秒级	效率高、能量密度高、响应快、寿命长	成本与铅酸电池相比较高
三元锂电池	2300–2500	5000–6000	>90%	300	2	毫秒级		
传统铅酸电池	500–1000	500–1000	70%–90%	>800	1	<10ms	成本低、可回收	能量密度低、寿命短、受放电深度影响大
铅碳电池	1000–1300	3700–4200	70%–90%	/	1	<10ms	含量高、安全性好、响应时间快	
全钒液流电池	4500–5000	>10000	75%–85%	/	低	毫秒级	效率高、安全性能好、响应快	能量密度低、效率低
锌溴液流电池	2500–3000	5000–6000	75%–85%	/	10	毫秒级		

1.1.2 储能装机规模及发展现状

截至 2020 年年底，全球已投运电力储能项目的累计装机规模达到 1.9 亿千瓦，同比增长 2.8%，其中，中国累计装机规模达到 3510 万千瓦，同比增长 8.3%，占全球比重为 18.5%。抽水蓄能依然是全球范围内应用最为广泛的储能方式，占比为 90.9%，电化学储能是第二大储能方式，占比为 6.9%。其中，锂离子电池占电化学储能装机的 90.0%（见图 1–1）。

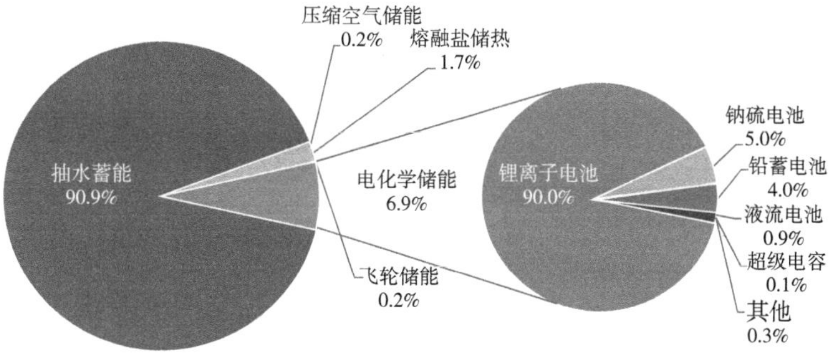

图 1–1　2020 年年底全球投运电力储能项目的累计装机规模

从装机规模看，我国的电化学储能装机规模连续多年保持快速增长趋势。2011–2020 年，电化学储能装机从 4.1 万千瓦增长至 280 万千瓦，年均增速

60.0%。从结构上看，与全球市场一致，锂离子电池为我国电化学储能的主要构成，占电化学储能装机的87.0%（见图1-2）。

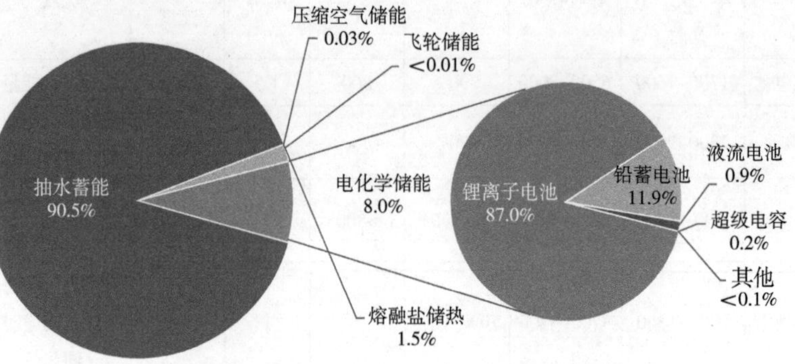

图1-2　2020年年底中国投运电力储能项目的累计装机规模

从发展趋势看，电化学储能电池已经逐步成为全球和中国储能的发展方向。2020年，在各类电力储能技术中，抽水蓄能在全球和中国市场中的占比持续下降，与2019年同期相比下降了1.7和2.8个百分点。电化学储能的装机占比则呈现出持续增长的态势，与2019年同期相比分别增长了1.7和2.8个百分点，全球市场累计装机规模达到1310万千瓦，中国市场累计装机达到280万千瓦（见图1-3和图1-4）。

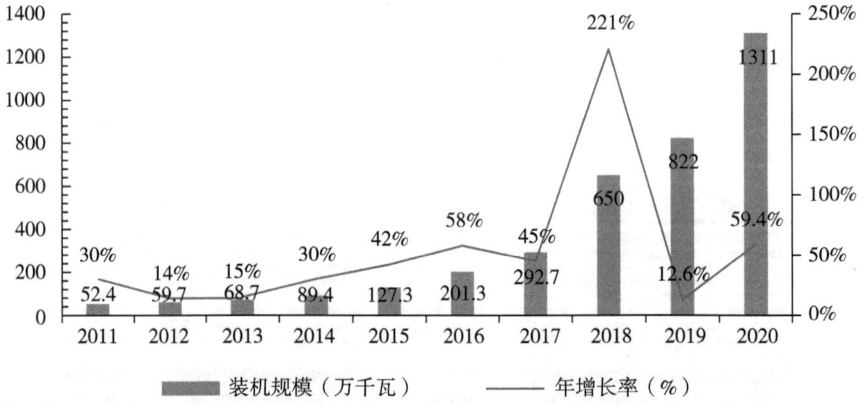

图1-3　全球电化学储能装机规模增速

总体来看，我国电化学储能装机规模尚小但发展迅速。当前，我国电化学储能市场正从商业化初期阶段过渡到产业规模化阶段。未来，“双碳”目标的实现过程将会促进储能产业的大发展。为促进电化学储能产业的可持续发展，设计科学的成本回收和市场价格形成机制成为当务之急。

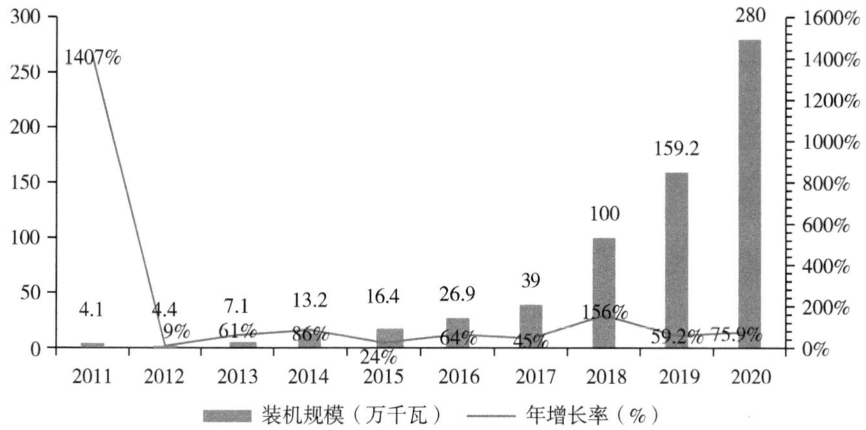

图 1-4　中国电化学储能装机规模增速

2003 年以来，美国大型储能容量的增加，大部分都是来自电池储能。2016 年，美国安装了 197 兆瓦的大型电池储能项目后，美国的年新增电力容量达到了历史最高水平。2017 年，美国第一个大型电池储能装置投入使用，到 2017 年年底，就有 708 兆瓦发电量投入运行。美国大多数电池储能装置使用的是锂离子电池，但设计参数，如功率、能量容量和持续时间却因地区和项目而异。这些地区占美国大规模电力总容量的 53%，而这种状况是由这些地区的市场设计和政策差异造成的。

英国储能发展根据新思界行业研究中心发布的《2020 年英国储能行业市场现状及海外企业进入可行性研究报告》显示，储能是智能电网、能源互联网的重要组成部分和关键支撑技术，随着英国电网交易计划的开展、微型发电设施的应用、分布式能源服务的搭建，英国储能市场持续爆发，2019 年英国储能市场总装机容量达 1.2 吉瓦，预计 2021 年英国的储能市场规模将达到 12.0 吉瓦，其中太阳能发电储能占比 40% 左右，风电储能占比 25% 左右。从英国储能政策来看，英国政府通过修订储能相关政策及电力市场规则，并制定 29 项行动方案推进储能市场的发展。2020 年 7 月，英国内阁通过二级立法，取消电池储能项目容量的限制，英格兰地区可部署 50MW 的储能项目，威尔士地区可部署 350MW 的储能项目。英国政府希望允许部署更多电池储能项目。

根据矢野经济研究所的预测，日本储能市场也将保持快速增长，2020 年市场规模有望达到 3.307 吉瓦时。2016 年 4 月，日本政府发布《能源环境技术创新战略 2050》，也对储能作出部署。要研究低成本、安全可靠的快速充放电先进蓄电池技术，使其能量密度达到现有锂离子电池的7倍，成本降至十分之一，应用于小型电动汽车后，电动汽车续航里程达到700千米以上。该技术还将用于可再生能源，实现更大规模的可再生能源并网，来平衡电网的发展，构建出相对智能、灵活的电力系统。

目前，我国抽水蓄能主导地位不变，电化学储能发展很快，储能产业发展具有以下具体特征。

（1）成本低廉的大规模储能技术，抽水蓄能主导地位不变

抽水蓄能的主导地位仍然不会改变。抽水蓄能属于大规模、集中式能量储存，其技术非常成熟，每瓦储能运行成本较低，可用于电网的能量管理和调峰，但其建设完全依赖于地理条件，即当地水资源的丰富程度，并且一般与电力负荷中心有一定的距离，面临长距离输电的问题。抽水蓄能成本更加的便宜，并且随着特高压输电的不断建设，电力损耗有望进一步减少，抽水蓄能在储能应用中的主导地位短期内仍然不会被动摇。

（2）电化学储能蓄势待发、扶摇直上，是储能市场发展的新动力

电化学储能是储能市场保持增长的新动力。无论是从全球还是中国的装机情况来看，2018年都可以说是电化学储能的元年，抑或是集中爆发的一年。随着电化学储能技术的不断改进，电化学储能系统的制造成本和维护成本不断下降、储能设备容量及寿命不断提高，电化学储能将得到大规模的应用，成为中国储能产业新的发展趋势。

（3）电化学储能中锂离子电池占比最大，助推我国后来居上

电化学储能主要类型分别是锂离子电池、铅酸电池及液流电池。铅酸电池是目前技术最为成熟的电池，其制造成本低廉，但使用寿命短，不环保，响应速度慢；锂离子电池能量密度高，电压平台高，制造成本随着新能源汽车市场的规模效应而不断下降，是目前电化学储能项目应用最多的电池；液流电池是近年来新兴的化学电池，其使用寿命长、充放电性能良好，但由于技术不成熟以及制造成本较高而未得到大规模的应用。

截至2020年年底，全球已投运电力储能项目（含物理储能、电化学储能以及熔融盐储热）的累计装机规模达到1.9亿千瓦，同比增长2.8%，如图1-1所示，抽水蓄能依然是全球范围内应用最为广泛的储能方式，占比为90.9%，电化学储能是第二大储能方式，占比为6.9%，其中，锂离子电池占电化学储能装机的90.0%。我国累计装机规模达到3510万千瓦，同比增长8.3%，占全球比重为18.5%。

锂离子电池在全球电化学储能市场占据主导地位。截至 2018 年年底，电化学储能装机量达到 1072.7MW，其中锂离子电池储能方式占据主导地位，占比高达 86%；钠硫电池和铅蓄电池分别占比 6%、5.9%；其他储能方式作为电化学储能多元发展的一部分，占比仅为 1.8%，且大多为示范性工程，如超级电容仅在美国建设有示范性储能电站。我国电化学储能虽然起步较晚，但装机规模始终保持在较高的水平。从电池类型来看，锂离子电池占比达到 70%，铅酸电池因其较低的成本依然获得了市场的青睐，占比达到 27%。

我国电化学储能市场以锂离子电池储能为主导，铅蓄电池储能是重要组成部分。我国电化学储能项目 2020 年新装机分布中，锂离子电池以 88.8% 的装机占比占据主导地位；铅蓄电池是电化学储能市场的重要补充，新装机量占比达到 10.2%；其余电化学储能方式如液流电池、超级电容、钠硫电池占比合计仅为 1%（见图 1–5）。

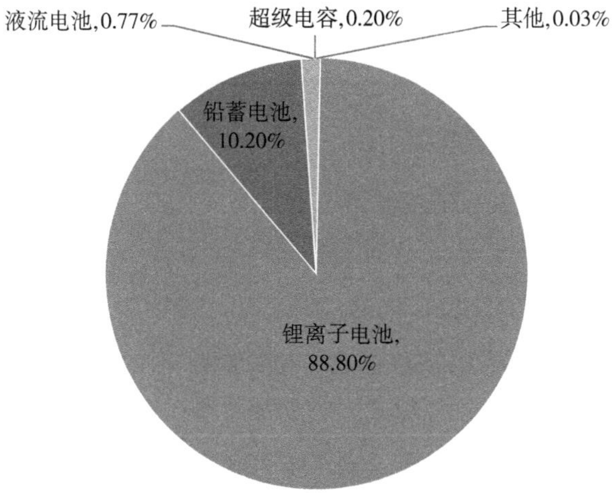

图 1–5 我国各种电化学储能电池占比情况

（4）锂离子电池应用广泛，储能应用占比稳步提升

与传统电池相比，锂离子电池不含铅、镉等重金属，无污染、不含毒性材料，同时具备能量密度高、工作电压高、重量轻、体积小等特点，已经广泛应用于消费电子、新能源汽车动力电池和储能领域。锂离子电池电芯主要由正极材料、负极材料、电解液和隔膜四大材料构成，而从电芯到最后的完整的电池包主要经过两个环节：将一定数量的电芯进行串并联组装成电池模组；电池模组加上热管理系统、电池管理系统（BMS）以及一些结构件组成完整的电池包，又称作电池 PACK。锂电技术路线多，储能更注重安全性和长期成本。与

动力锂电池相比，储能用锂电池对能量密度的要求较为宽松，但对安全性、循环寿命和成本要求较高。

锂离子电池储能技术应用主要集中在可再生能源并网和电网侧。2020 年储能主要应用于可再生能源并网，全球装机占比 40%–50%。从全世界来看，2020 年全球新增电化学储能项目在可再生能源并网的装机占比最大，达到 48%，户用和工商业装机占比 29%，辅助服务装机占比下降至 8%。国内来看，2020 年国内新增电化学储能用于可再生能源并网装机占比达 40%，辅助服务、调频和户用端装机分别占 21%、18%、14%（见图 1–6）。

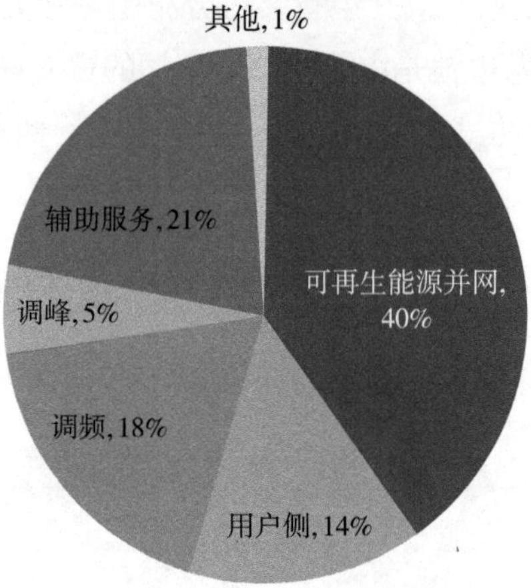

图 1–6　2020 年我国电化学储能电池的应用场景

锂电储能技术在可再生能源并网和电网侧装机增长显著。目前仍有大量的风光发电站和热电厂未装备有调峰调频储能设备，锂电储能技术在风光电并网辅助服务侧存在广阔的市场空间。表 1–7 列出了目前我国主要锂离子电化学储能项目的情况。

表 1–7　目前我国主要锂离子电化学储能项目情况

序号	项目名称	项目规模
1	山西同煤集团同达热电公司智慧储能 AGC 调频项目	9MW/4.478MWh
2	山西平朔 AGC 储能辅助调频系统项目	9MW/4.478MWh
3	山西兆光发电有限责任公司储能系统辅助发电机组调频项目	9MW/4.5MWh
4	山西晋能电力集团阳光 9MW/4.5MWh AGC 储能辅助调频系统项目	9MW/4.5MWh
5	内蒙古能源杭锦发电储能调频项目	9MW/4.5MWh

续表

序号	项目名称	项目规模
6	内蒙古能源新丰热电公司 AGC 储能调频项目	9MW/4.478MWh
7	内蒙古能源准大发电储能辅助火电 AGC 调频项目	9MW/4.5MWh
8	内蒙古能源上都电厂蓄电池辅助 AGC 调频项目	18MW/8.975MWh
9	内蒙古能源乌斯太热电厂储能调频项目	9MW/4.5MWh
10	内蒙古矿业乌兰察布兴和电厂储能调频项目	9MW/4.478MWh
11	广东省云浮粤电云河发电 9MW 储能调频项目	9MW/4.5MWh
12	广东华润海丰储能辅助 AGC 调配项目	30MW/14.93MW
13	山西晋能盂县独立储能调峰调频辅助服务项目	150MW/600MWh
14	贵州兴义清水河电厂储能调频项目	20MW/10MWh
15	河北宣化热电厂储能调频项目	9MW/4.5WMh
16	青海格尔木时代新能源光伏储能电站项目	15MW/18MWh
17	青海格尔木华能直流光伏储电示范项目	3.5MWh
18	青海共和黄河水电光伏储能项目	16MWh
19	河北张家口张北风光储能运输示范工程	20MW
20	河北丰宁风储示范项目一期工程全钒液流电池储能系统	2MW/8MWh
21	辽宁锦州北镇国电风场储能项目	8MW
22	辽宁沈阳龙源法库卧牛石风电场项目	5MW/10MWh
23	甘肃玉门科陆电子风光储能项目	10MW
24	内蒙古乌兰察布三峡新能源储能项目	550MW/1100MWh
25	山西大同国网时代储能项目	200MW/600MWh
26	山东庆云三峡新能源储能电站示范项目	300MW/600MWh
27	湖北襄阳全钒液流电池储能项目	100MW/500MWh

（5）调峰调频是电网侧储能的主要收入来源

储能电网侧应用的补偿费用普遍由发电厂均摊，具体盈利机制各地方有所不同。发电企业因提供有偿辅助服务产生的成本费用所需的补偿即为补偿费用，国家能源局南方监管局在 2017 年出台了《南方区域发电厂并网运行管理实施细则》及《南方区域并网发电厂辅助服务管理实施细则》，两个细则制定了南方电力辅助服务的市场补偿机制，规范了电力辅助服务的收费标准，为电力辅助服务市场化开辟道路。以广东地区为例，目前 AGC 服务调节电量的补偿标准可以达到 80 元 /MWh，电力辅助服务存在盈利空间。

除广东、山西、蒙西、京津唐区域外，2020年不断有新的区域出现了火储联合调频项目。例如：上海，上海外三电厂储能调频项目；江苏，华润常熟电厂，华能淮阴第二发电有限公司；江西，新昌电厂调峰调频一期工程；甘肃，甘肃华亭电厂。

电网辅助服务主要集中在“三北”地区，华中、南方是重要的辅助服务地区。据国家能源局统计，2020年广东月均补偿额超1亿，是最火热的市场。蒙西、山西、华北维持在3000万以下。从2019年9月份，广东调频辅助服务里程补偿首次超过1亿开始，广东省的调频辅助服务里程补偿一直居高不下，2020年1–11月平均每月补偿额为1.09亿元。高额的补偿不断吸引新的进入者，截至目前，广东电网已经公开宣布火储联合调频项目29个，位居全国之首。蒙西调频辅助服务补偿额自2019年年中高位跌落后，一直维持在3000万以下的补偿总额。2020年1–10月月均补偿2501万元。山西省2020年1–7月份，月均补偿额2959万元。进入冬天后，由于调频资源缺乏，山西省的结算价格出现了一波10元/MW以上的高峰，甚至15元/MW，2020年山西调频辅助服务月均补偿额将有一定上升。

用于电网辅助服务的储能项目中，火电辅助服务装机量最多，补偿费用占比最大。电力生产的构成决定了辅助服务的重要程度，火电作为主要发电单位，辅助服务的重要性不言而喻。

1.1.3 储能产业链发展情况

根据SNE Research的统计，2020年全球储能电池出货量由2019年的11GWh提升至20GWh，增长幅度接近翻倍。其中各家动力电池龙头均在储能领域实现了出货量的大幅提升。

电化学储能市场空间广阔，吸引产业链各方公司参与其中，而电池厂商与逆变器厂商是目前电化学储能市场的主要参与者。相关公司的背景大致可以分为三类：第一类是消费、动力锂电池龙头：如宁德时代、LG化学、三星SDI、亿纬锂能、南都电源等；第二类是逆变器龙头：如阳光电源、锦浪科技、固德威等；第三类是光伏或新能源车终端应用龙头：特斯拉、比亚迪、Sonnen等。

从各家目前涉足的储能业务来看，比亚迪、宁德时代、LG化学、三星SDI对全产业链进行了深度布局。Sonnen是德国第一大户用储能提供商，2019年被Shell收购100%股权，公司在全球拥有30000多套户用储能装置。派能科技、

ATL、亿纬锂能等目前主要涉及锂电池制造环节；阳光电源布局除锂电池之外的所有业务，其锂电池采购自三星 SDI、宁德时代等企业；固德威目前在储能业务主要做储能变流器；特斯拉、Sonnen 等尚未布局硬件环节，重点在于系统集成环节。星云股份与宁德时代、其他投资方合资成立的福建时代星云科技有限公司已开展储能业务合作。

近年来专业的储能系统集成商也开始陆续涌现。由于系统集成涉及的电气设备较多、专业性较强且存在相应的系统设计、集成及安装等环节，因此一般由系统集成商对整个储能系统的设备进行选型，外购或自行生产储能电池系统、储能变流器及其他电气设备后，匹配集成给下游的安装商，安装商在安装施工后最终交付终端用户。

锂电储能系统主要由电池组、储能变流器（PCS）以及其他电气设备构成，一般由集成企业采购各零部件进行系统组装。

以 2020 年为例，中国市场，储能电池的供应商主要是宁德时代、天津力神等，PCS 的供应商主要是阳光电源、科华数据等，集成企业的供应商主要是阳光电源、海创思博等（见图 1–7 至图 1–9）。

从集中度看，各环节的集中度分别为电池组 >PCS> 集成商，表明储能电池的行业壁垒最高，PCS 次之，集成企业的壁垒最低。

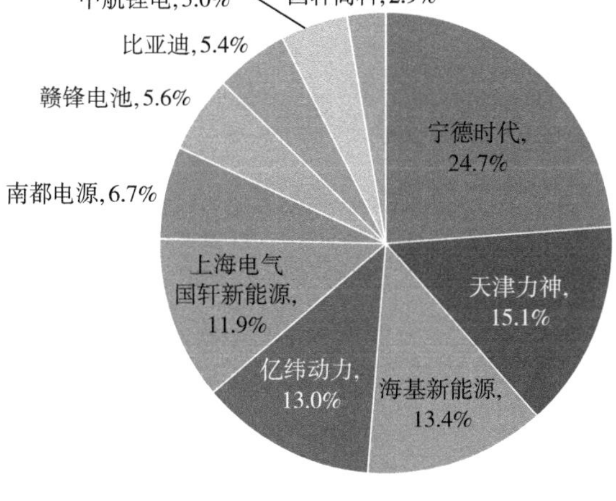

图 1–7　2020 年中国储能系统电池竞争格局

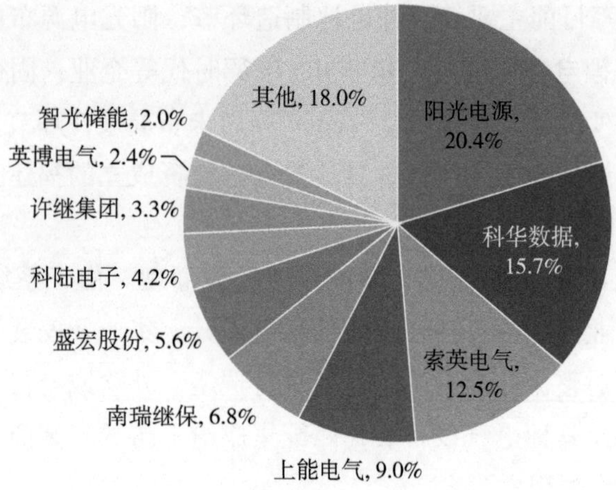

图 1–8　2020 年中国储能系统 PCS 竞争格局

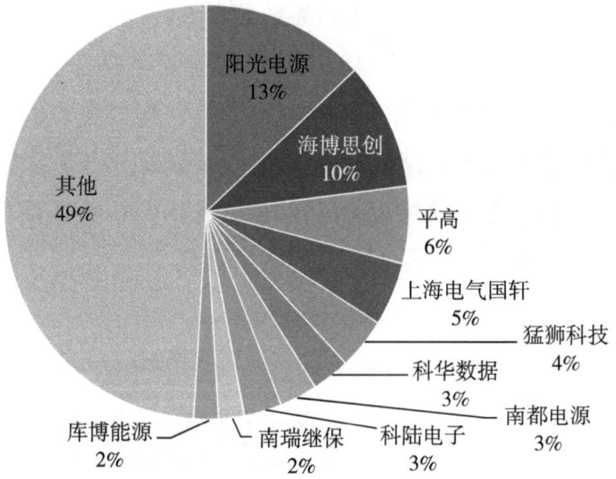

图 1–9　2020 年中国储能系统集成商竞争格局

1.1.4 储能典型应用模式

1. 电化学储能按应用场景分类

电化学储能系统目前已广泛应用于电力系统的各个环节，根据其应用场景不同，可分为电源侧、电网侧、用户侧三大类。

（1）电源侧储能

电源侧储能是指接入电源并网点以内，与风、光、火、核等电源联合运行，具备电量存储或提升电源调节能力等功能的储能设施或系统。其由所配套电源电站统一管理，调度机构仍以电源电站为调度对象。

（2）电网侧储能

电网侧储能是指直接接入公用电网的介于发电厂和用户与电网结算的计量关口表之间，接受调度机构统一调度，服务电力系统运行的储能设施或系统。包括两种情况：

1）电网替代性储能设施，不能独立运行，而是作为电网建设的一种技术手段，可以明显减少变电容量及输配电线路的建设，降低电网投资；

2）电网侧储能电站，可以独立运行，接受电网统一调度控制，具备调峰、调频、事故备用等功能，用以保障公共电力系统安全稳定运行或提升其整体经济性。

（3）用户侧储能

用户侧储能是指在用户所在场地建设，在用户与电网结算的计量关口表后，接入用户或用户内部电网，具备降低用户用能成本或提升用户供电可靠性等功能的储能设施或系统。

2. 电源侧储能应用模式

电源侧储能应用主要有以下两种投资模式：一是新能源发电场站业主投资模式；二是储能企业第三方投资模式，新能源场站业主和储能企业双方以合同能源管理的模式进行利益分成。

（1）减少新能源弃风弃光应用模式

在电源侧安装储能装置，将储能设施与新能源机组联合运行，其收益来源以弃电存储为主，减少考核费用为辅。

（2）调峰辅助服务应用模式

在电源侧安装储能装置，将储能设施与火电机组联合调峰，提升传统火电机组的调峰深度，减少弃风弃光，促进新能源的消纳。目前全国多个地区和省市已出台或即将出台调峰辅助服务市场运营规则，南方电网最新出台的“两个细则”明确将储能纳入调峰辅助服务范围。目前在青海、河南、江苏、山西等省份均有应用。

（3）调频辅助服务应用模式

在电源侧安装电储能装置，利用储能毫秒级快速、稳定、精准的充放电功率调节特性，将储能设施与火电机组联合调频，提升传统火电机组调频性能指标。通过储能项目与火电机组绑定联合调频参与辅助服务交易，该模式适用于火电装机容量较大的省份，目前调频辅助服务领域已投运的电化学储能项目主要集中在山西省、江苏省及南方电网省份。

3. 电网侧储能应用模式

现有投资运营模式主要有两种，一是经营租赁模式，如江苏电网百兆瓦储能项目由许继、山东电工、江苏综合能源服务公司投资并已投产，江苏公司租赁；二是“合同能源管理 + 购售电”模式，如河南电网百兆瓦级储能示范项目由平高公司投资，与河南公司签订合同能源管理合同，河南综合能源公司进行市场化运营。

（1）提升电网安全稳定水平应用模式

用于提升电网安全运行水平的储能项目，其主要作用如下：一是为电网提供事故后紧急功率支撑，提高电网安全稳定运行水平。在电网故障时，电化学储能电站可以百毫秒级的速度响应电网功率需求，远大于常规火电机组和抽水蓄能的响应速度。例如江苏镇江和河南的百兆瓦级电网侧示范项目，均具备该项功能。二是延缓输变电设备建设投资。储能的削峰填谷作用可提高电网存量设备利用效率，延缓输变电设备建设和改造，提升电网有效容量的精准投资。

（2）提升电网灵活调节能力应用模式

用于提升电网灵活调节能力的储能项目，其主要作用如下：一是开展调频调峰服务。类似于抽水蓄能，电化学储能具备快速双向功率调节能力，能够提高电网运行灵活性和调节能力；二是提高电能质量水平。在分布式风电或光伏高渗透地区，通过配置电网侧储能，合理设置工作方式，跟踪负荷曲线，可以平抑负荷波动，提高区域电网电能质量。

4. 用户侧储能应用模式

随着储能技术经济性的改善，用户侧储能在国内外均得到了发展，有助于提高用户负荷调控能力和供电可靠性。我国居民峰谷价差小，居民储能较难盈利，用户储能主要应用在一般工商业 / 大工业用户。其获利手段一是实施削峰填谷，利用峰谷价差套利降低用电成本；二是需量管理，通过削减用电尖峰，降低基本电费；三是参与需求响应，通过响应电网调度、帮助改变或平移用电负荷获取收益。

储能与分布式光伏组成用户侧光储系统，在国外已有较多商业应用，可平滑光伏出力波动，并进一步增加客户的收益。其获利手段为存储余电上网电量供客户自用，其经济性取决于客户峰时电价与余电上网电价的价差。自用电价高于上网电价，储能既有助于提高用户收益，也为厂商带来利润。以澳大利亚一家小型售电公司 Stucco 公司为例，2016 年该公司投资 13 万澳元安装了 30 千瓦光伏 +40 千瓦时储能。光伏系统全年发电 41.5 兆瓦时，自用 25.0 兆瓦时，余电 16.5 兆瓦时上网，还从电网购入 11.4 兆瓦时用以满足高峰时段的电力负荷。对用户而言，Stucco 的用电户每年电费平均为 240 澳元，如果直接从电网购电每年电费可达 540 澳元。对于售电公司而言，13 万澳元的投资可在 13 年内回收，收益率 7.7%。如果考虑悉尼政府的 5 万澳元补贴，那么回收率可达 20%，5 年内回收全部投资。澳大利亚在 2019 年成为全球最大的用户侧储能市场，占全球需求的 30%，因为其家庭储能需求翻了 3 倍。依据政府的新政策，澳大利亚从 2020 年起再为 10 万个家用电池提供 2 亿澳币的补贴。

1.1.5 典型储能项目

1. 典型省份储能项目

（1）浙江省典型储能项目

2021 年，浙江省多地相继出台“新能源 + 储能”支撑政策，并积极推动政策落地实施，助力新能源快速发展和能源绿色低碳转型。国网浙江省电力有限公司加快开展多元融合高弹性电网技术探索，并为储能发展争取相关政策支持，提供相关技术支撑，开展能源互联网省域实践。

2021 年 2 月 2 日，衢州市发展改革委印发《关于加快建立衢州市清洁能源消纳长效机制的通知》，出台“新能源 + 储能”配套电力支持政策，鼓励建设新一代电网友好型新能源电站，要求储能设施按照发电装机容量的 10% 配置，在保障新能源高效消纳利用的同时，为电力系统提供一定的容量支撑和调节能力。此举是政企联动建立“源网荷储一体化”清洁能源消纳长效机制的有益尝试。

随后，在各地供电公司的沟通和争取下，浙江文成、仙居、湖州等地政府先后出台相关政策，支持新能源项目按照 10% 装机容量配置储能。随着各地政策相继出台，浙江省内“新能源 + 储能”项目的建设投运明显提速。

4 月 23 日，浙江首个电源侧储能项目在长兴县投运。项目通过在光伏发电站附近建设储能电站，在谷电时间段充电、峰电时间段放电，降低企业用电成本，缓解高峰时段用电紧张。

4 月 25 日，衢州江山上余 6.5 万千瓦地面光伏电站储能项目通过接入系统方案评审，正式按发电装机容量的10%配置储能，标志着“新能源+储能”政策高效落地。

6月21日，浙江省杭州市临平区政府发布《关于加快建立清洁能源消纳机制、推进能源领域绿色低碳发展的通知》。

6月24日，由浙江光隆能源科技公司建设的浙江首个用户侧“光伏+储能”项目在嘉兴海宁投入运行，根据发电装机容量的10%配置储能项目。随着分布式光伏发电的补贴退坡，光伏电站的收益大幅减少，如果能配套储能，在增加直接收益的基础上，还可摊薄电站的业务、运维等成本。

7月26日，浙江省杭州市临平区余之城屋顶光伏项目一期300千瓦/600千瓦时的分布式储能设备开始调试，预计30日正式并网。这是临平区新能源配套储能政策出台后首个落地的储能项目。至此，杭州实现了县域新能源消纳长效机制全覆盖。

图1–10为浙江储能应急电源基地。

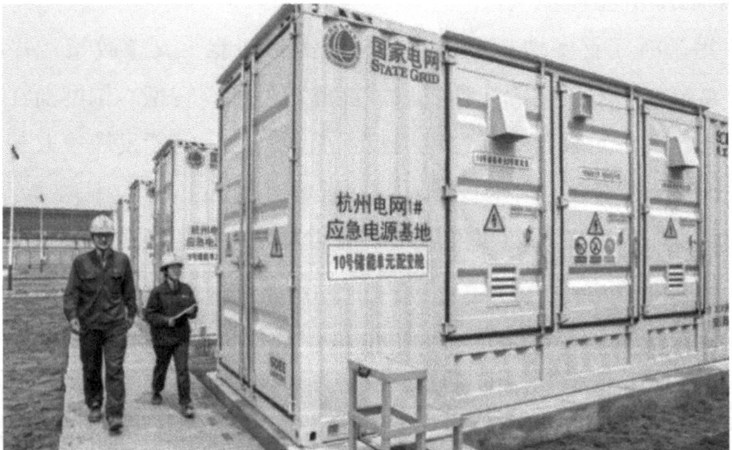

图1–10 浙江储能应急电源基地

（2）江苏省典型储能项目

作为能源电力消费大省，江苏省储能产业发展一直全国领先，电力需求的不断增长与较大的峰谷价差是储能技术在江苏能够得到快速发展的主要原因。2020年，储能产业虽受新冠疫情影响，但基于产业内生动力和外部政策及碳中和目标等利好因素多重驱动，江苏省的储能市场表现依然强劲。在未来的“十四五”期间，江苏省将推动绿色循环低碳发展，坚决落实碳达峰、碳中和要求。

2020年，江苏地区开展了首例储能调频项目——华能淮阴第二发电厂储能辅助AGC调频工程，储能的盈利空间被压缩。5月，全国首个用户侧储能自动需求响应项目在江苏省镇江市投运，作为全国首个用户侧储能自动需求响应项目，该项目改变了传统人为调控方式，可根据企业负荷特性和经济性，通过储能需求响应资源管理系统，将指令实时发送至用户储能电站自动执行，实现了用户侧储能资源的精细化调配；经测算，该项目用户侧储能电站参与削峰和填谷需求响应的最高容量可达2.75兆瓦，可为发输电系统节省建设投资成本折合约2970万元，企业每年参与一次需求响应，还可获得2万元至8万元补贴。12月，国家能源集团启动国内首个海上风电场储能项目——国家能源集团华竹根沙海上风电10MW/20MWh储能工程。

据统计，2020年江苏省共有18个储能项目有动态更新（处于施工安装、竣工验收阶段），从规模上看，有5个储能项目规模暂不明确，剩余13个储能项目总规模为278.08MW/492.4MWh。其中，100MW级及以上规模储能项目共有2个，是2020年储能项目总量的11.11%；10MW级及以上100MW级以下规模储能项目共有4个，是2020年储能项目总量的22.22%；1MW级及以上10MW级以下规模储能项目共有4个，是2020年储能项目总量的22.22%；1MW级以下规模储能项目共有3个，是2020年储能项目总量的16.67%；规模暂不明确的有5个储能项目，是2020年储能项目总量的27.78%。

在2020年江苏省的18个储能项目中，五大四小集团有4个项目分布在江苏省，且都是电源侧项目，风电+储能2个，储能辅助调频2个，分别是龙源电力盱眙10MW/20MWh锂电池储能电站、国家能源集团华竹根沙海上风电10MW/20MWh储能工程、华润智慧能源有限公司中东部地区火电厂24MW储能调频项目以及华能淮阴第二发电有限公司10MW/5MWh储能AGC调频项目。其余的14个项目都是由电网企业和民营企业投资的，电网企业占6个，民营企业占8个。图1-11为江苏华富储能现场图。

从应用场景看，2020年江苏省电源侧储能项目有6个，电网侧储能项目有4个，用户侧储能项目有8个。

图 1-11　江苏华富储能

（3）河南省典型储能项目

2020 年 10 月 14 日，河南电网新能源发电侧首个投并网储能站——国电投河南新能源狮子坪储能电站投入试运行，该项目为全省首个风电储能项目（见图 1-12）。该储能电站与河南新能源公司狮子坪 48MW 风电项目配套建设，2020 年 7 月 16 日开工，功率 / 容量为 4.8MW/4.8MWh（磷酸铁锂），总投资 1200 万元。储能电站的建成，对保障河南电网安全稳定运行、提高河南电网调峰和新能源消纳能力具有积极的示范引领作用，为河南公司“保电价”项目按期并网创造了有利条件。

2021 年 5 月 26 日，大唐集团龙安 30MW 分散式风电场工程储能设备装置采购开标，北京天诚同创电气有限公司以 509.1 万元获得中标。龙安 30MW 分散式风电场工程项目位于河南省安阳市龙安县，本期规划装机容量为 35MW，安装 5 台 2.8MW 和 7 台 3.0MW 的风力发电机组，同期配套建设输出总功率 / 容量为 3.5MW/3.5MWh 储能系统。其中，储能以 35kV 段内储能开关柜电缆出线为界，35kV 储能出线电缆敷设电缆头制作均由本标段负责，35kV 开关柜保护测控装置安装调试由其他标段完成，投标人须配合设备调试工作，防孤岛保护装置由投标人负责安装调试工作。

图 1-12 河南新能源狮子坪储能电站

2. 典型企业储能项目

（1）宁德时代

宁德时代新能源科技有限公司（简称宁德时代），是全球领先的锂离子电池研发制造公司，专注于新能源汽车动力电池系统、储能系统的研发。目前储能业务占比较小，但发展较快。2019 年储能系统销售收入 6.1 亿元，仅占公司整个营收的 1.3%，但较上年同期增长 222%。

公司储能产品使用磷酸铁锂体系（LFP），电池单体设计水平国际领先。一是单体容量大，研发制造出容量为 280Ah 的单体电芯。二是循环寿命长，在行业 3000–6000 次循环寿命的基础上，开发出超 12000 次循环寿命的储能用新型锂离子电池。三是储能系统单位建设成本可达到 1.6 元 /Wh。设计采用风冷 / 液冷两种方式，直流电压范围涵盖 1000V 及 1500V，服务寿命可达 20 年，满足 1h、2h 及 4h 以上的主要应用场景。其中，风冷方案单个电柜电池容量为 213.2kWh，水冷方案单个电柜电池容量为 372.7kWh。

由宁德时代负责设备采购和调试的晋江闽投储能电站（又称桐林储能电站）是国内单体规模最大的电网侧站房式锂离子电池储能电站，一期规模为 30MW/100MWh。储能系统循环寿命 10000 次以上，响应速度为毫秒级，转换效率达到 94%。一期项目总投资 2.68 亿元，其中储能系统投资为 1.4 亿元。

2018 年 6 月成立的晋江闽投电力储能科技有限公司负责储能电站的建设运营。其中，福建省投资集团占股 51%、宁德时代占股 44%、福建省电力勘测设计院占股 5%。建设周期 1 年。2018 年 12 月土建开工，2020 年 1 月并网，2020

年10月商业试运行。

储能系统由宁德时代进行设备采购和调试。储能系统由12个储能单元构成，每个储能单元包含5个储能组，每个储能组包含1台500kW的PCS、1个控制柜、1个汇流柜以及11个电池柜。其中，PCS来自北京索英、科华恒盛，EMS来自中国电科院。

商业运营模式方面，该电站以独立的主体身份进入福建省调频辅助服务市场，为附近3个220kV重负荷变电站提供调频服务。根据《福建省电力调频辅助服务市场交易规则（试行）（2019年修订版）》调频收入有"容量补偿"和"里程补偿"两部分。其中，容量补偿标准为960元/MW月（省调管辖）、240元/MW月（华东网调管辖），调频里程报价上限为12元/MW。2020年8月福建能监办对桐林储能电站参与调频辅助服务下发特殊要求，电站日调频收入由35万元降至2.5万元左右。

图1–13为晋江桐林站房式储能电站。

图1–13　晋江桐林站房式储能电站

（2）阳光电源

阳光电源股份有限公司（简称阳光电源）是全球一流的储能设备供应商及系统解决方案集成商，在电池系统的安全性设计、热管理、消防及保护协调方面技术领先，尤其是储能PCS技术引领行业标准。全球900+重大储能项目0安全事故。2019年，储能业务实现营业收入5.43亿元，营收占比为4.2%，较上年同期增长42%。

核心竞争优势在于高安全性的PCS技术以及专业的储能集成系统技术。2019年，全球新增投运的电化学储能项目中，阳光电源是排名第一的储能变流器提供商和储能系统集成商。1500V储能系统中，单体PCS容量可达1~6.9MW，单体LFP电池系统容量可达4.5MWh。通过系统集成，2小时储能方案容量可达2.5~6.9MW。通过工程总承包（EPC），储能系统单位建设成本为2元/Wh。

其典型项目恒益电厂储能调频项目规模为20MW/10MWh，通过与火电机组进行AGC联合调频，有效地改善了火电厂整体调频性能和里程，机组综合调频性能指标值由原来的0.6提升至2.3左右，提高火电厂调频补偿收益。

采用合同能源管理模式进行建设。依托热电厂，甲方为佛山恒益热电有限公司，乙方为广东广特电气股份有限公司。广特电气主导整个项目建设，阳光电源提供全套的储能系统解决方案及核心设备，电芯来自天津力神、电池管理系统（BMS）来自杭州科工。项目总投资6466万元，建设周期1年，2019年12月建成投运。储能调频电站内设备由乙方负责运维。

储能系统由阳光电源进行设备采购及调试。储能系统由8组PCS集装箱和8组储能电池集装箱构成。单组PCS集装箱交流电压6.3kV，接入6kV厂用电母线，额定交流功率2.5MW。单组储能电池集装箱标称容量为1.33MWh。根据运行方式的需要，储能系统联合其中1台机组作为一个整体参与电网AGC调频运行。同时，储能系统也接入广东省调，可由国家电网直接控制，具备削峰填谷、独立调频、紧急控制等电网侧储能功能。

商业运营模式方面，项目收益来自甲方参与广东调频辅助服务市场所获得的调频补偿收入，调频收入有“容量补偿”和“里程补偿”两部分。2020年8月，恒益电厂调频结算补偿额约为1300万元。项目收益在甲方与乙方间按照合同约定的比例按月分成。2020年9月，《广东省调频辅助服务市场交易规则》发布，中标发电单元的容量补偿标准由试运行期间的12元/MWh降至3.56元/MWh，调频里程报价下限由试运行期间的6元/MW降至5.5元/MW。调频市场的结算价格整体趋势走低。

图1–14为阳光电源储能电池集装箱与PCS集装箱。

图1–14 阳光电源储能电池集装箱与PCS集装箱

（3）深圳科陆

深圳市科陆电子科技股份有限公司（以下简称科陆电子），致力于储能系统集成，年产能 500MW/1GWh。在电池性能测试方面独具优势，拥有储能电池测试的全方位评价体系及电池选型数据库，建立电池系统云平台，可及时发现短板电芯，提升系统总体可用容量。

一是集成高密度液冷电池系统，最大装机容量 7MWh，循环寿命超过 6000 次，使用年限 15 年。二是高效储能 PCS，单体 PCS 容量可达 3MW。三是可提供能量型、功率型标准配置方案。

其典型项目为海丰电厂储能辅助调频示范项目，该项目规模为 30MW/14.93MWh，通过与火电机组进行 AGC 联合调频，有效改善了火电厂整体调频性能和调节里程，机组综合调频性能指标值由原来的 0.8 提升至 2 以上，日均调节里程由 3500MW 提升至 15000MW，机组单位调节里程收益成倍增加。

采用合同能源管理模式进行建设。甲方为海丰电厂，乙方为科陆电子。由科陆电子投资建设储能系统，总投资 10013 万元，建设周期近 1 年，2019 年 9 月建成投产。拥有建成至今的项目运营实测数据，其中直流侧效率 92.1%，交流侧效率 85.8%。

该项目商业运营模式为储能系统联合火电机组参与 AGC 调频，按照《广东调频辅助服务市场交易规则》获取补偿。甲方通过对储能系统收取电费和分享 AGC 补偿获得收益，乙方与甲方签订合同能源管理协议，对 AGC 增量收益部分进行分成。根据项目运营实测数据，储能系统月均电费为 34.8 万元，小时调频平均里程为 629.3MW，小时平均市场出清价为 16.05 元，小时平均收益为 2.1 万元。

图 1-15 为深圳科陆高密度液冷电池系统与高效能 PCS。

图 1-15　深圳科陆高密度液冷电池系统与高效能 PCS

第二节　国内外储能政策梳理与对比分析

1.2.1 国外储能政策梳理与分析

1. 美国储能产业政策

历经多年发展，美国电化学储能已建成大量兆瓦级电化学储能项目，形成了较为清晰的技术路线和有效的商业模式，基本实现商业化运营。为推动行业发展，国家层面出台涉及战略规划、市场机制、技术研发、财税补贴等方面的配套政策；各州层面，由于资源禀赋、负荷特点及电力市场规则不同，电化学储能支持政策与行业发展态势有所差异。具体如下：

（1）规划目标。国家层面—美国 2011 年发布《2011—2015 储能计划》，共 47 个州处于储能部署和实施的各阶段。州层面—加利福尼亚州，AB2514 和 AB2868 法案要求加利福尼亚州 2020 年储能装机达 1.8GW，该目标已于 2019 年实现；俄勒冈州，HB2193 法案强制要求部分电力公司于 2020 年前至少采购 1 个或多个储能系统（至少 5MWh）；纽约州，2025、2030 年部署 1.5、3GW 储能；亚利桑那州，2050 年部署 3GW；新泽西州，2030 年部署 2GW；内华达州，2030 年部署 1GW；科罗拉多州、得克萨斯州、夏威夷州等多个州计划采用或正在采用储能目标和其他类似政策。

2020 年 12 月，美国能源部首次发布《储能大挑战路线图》，旨在加速下一代储能技术的研发、制造和应用，并建立美国在储能领域的全球领导地位。路线图按照各种工业文献中指出的技术水平，提出了一些与价格相关的产业发展目标，从驱动力和价格目标两方面积极具体化应用场景，实现储能的进一步市场化。由于政府制定了新的能源脱碳目标，2020 年大约有 5 万亿美元投入了可再生能源开发商的项目、系统和业务。整体而言，美国在 2021 年部署总储能容量将近 12GWh 储能系统，美国储能市场将在未来几年继续快速增长。

（2）市场机制。2007 年 890 号令和 2008 年 719 号令为储能进入电能批发市场提供制度保障；2011 年 745 号法案则要求电力公司和零售商支付大客户利用储能来替代电网调峰的费用；2011 年 755 号法令制定电力零售市场调频辅助服务按效果付费补偿机制；2013 年 784 号法令提出输电网运营商可以选择从第三方直接购买辅助服务以及电储能提供辅助服务的结算机制；2013 年 792 法案解决储能并网的程序问题，首次将储能定义为小型的发电设备；2018 年 841 法令要求 RTOs 和 ISOs 制定出一套适用于储能参与其运营的电力批发市场的市场规则。

（3）补贴支持。国家层面—2009 年通过的复苏与再投资法案利用 1.85 亿美元资助 16 个储能示范项目；能源部资助计划主要针对储能研发与示范项目提供资金支持，2020 年约 0.6687 亿美元。州层面—纽约州，2019 年推出批量储能和零售储能补贴措施，批量储能激励初始价格为 110 美元 /（kWh），零售储能激励初始价格为 350 美元 /（kWh）；加利福尼亚州，2011 年储能纳入自发电激励计划；马萨诸塞州，拨付 0.1 亿美元支持电网侧、分布式和用户侧等不同规模储能示范项目；新泽西州，2017 年拨款 0.029 亿美元支持 13 个项目，其中 12 个项目是光储结合项目。

（4）税收融资。国家层面—发布一系列《可再生与绿色能源存储技术方案》，给电网规模储能投资提供 15 亿美元的税收优惠。投资税收抵减和五年期加速折旧政策，投资税收抵免覆盖与可再生能源进行配套的储能容量（30% 投资税收抵免），允许储能项目按 5~7 年的折旧期加速折旧。2019 年 4 月国会发布《储能税收激励与部署法案》，允许为独立储能系统提供类似的投资税收抵减。州层面—马里兰州，储能税收抵免计划包含住宅和商业储能；爱荷华州，暂时批准储能系统税收抵免政策；墨西哥州和夏威夷州正在探讨或实施如赠款、回扣、上网电价以及个人财产税豁免等激励措施。

表 1–8 是美国一些州采取的储能政策。市场机制方面，以加利福尼亚州为例，加利福尼亚州系统运营商先后定义了代理需求响应资源、分布式能源资源以及非发电资源 3 种资源模型以便其参与能量及辅助服务市场。收益模式方面，各类型的储能设施可同时参与日前和实时能量、调频、旋转备用等多个电力市场获取收益。调频收益与能量收益是加利福尼亚州电网侧储能项目获取经济收益的最有效途径，而用户侧储能主要通过分时电价、激励补贴与电力市场等方式获取收益，其中用户激励补贴是推动用户侧储能发展的重要因素。

表 1–8　美国各州典型政策和措施

地区	时间	政策和措施
马萨诸塞州	2014 年	支持构建储能市场结构，建立战略合作伙伴，支持电网侧、分布式、用户侧等不同规模的储能示范项目。

续表

地区	时间	政策和措施
加利福尼亚州	2013 年	对多家独立公用事业公司（IOU）制定 1325MW 储能强制采购目标计划。
加利福尼亚	2016 年	在 1.3GW 储能强制采购目标的基础上增加了 500MW 至 1.8GW。
	2017 年	改变补贴方式，综合考虑规划容量的完成情况，储能成本的下降程度、项目经济性核算等因素，按照储能项目装机电量（kWh）进行补贴。
	2021 年	加利福尼亚州公用事业监管机构上周发布了一份分布式能源资源（DER）行动计划草案，旨在创建更有效的零售费率和需求响应结构及确保公用事业基础设施规划能够最大限度地提高接入电网的 DER 的价值；将 DER 纳入批发市场；以及创建一个框架，帮助客户计划深化其温室气体减排。
俄勒冈州	2015 年	针对州内两大公用事业公司制定 2020 年 5MWh 的储能采购目标。
华盛顿州	2019 年	华盛顿州议会于 2019 年 4 月完成一项法案的通过，要求公用事业公司在其规划过程中遵循一系列的指导方针，并为分布式能源做好准备。
得克萨斯州	2019 年	得克萨斯州议会通过的一项法案允许配电公司与第三方签订储能部署合同，每个公用事业公司储能部署的最多容量为 40MW。
明尼苏达州	2019 年	明尼苏达州批准的储能法案要求公用事业公司在综合资源计划（IRP）中将电池储能系统视为一种电力资源，要求明尼苏达州商务部对电网储能价值进行成本效益分析，并帮助公用事业公司从与储能相关的试点项目中收回成本。
科罗拉多州	2019 年	科罗拉多州州长签署了“公用事业委员会法案”，要求科罗拉多州公用事业委员会分析向电网增加分布式能源（包括电池储能系 统）的价值。
马里兰州	2019 年	马里兰州政府批准了一项储能试点计划，该计划要求马里兰州公用事业公司对两个项目进行招标。
阿肯色州	2019 年	阿肯色州公共服务项目委员会就批发市场中的分布式能源的资源汇总提出意见。
纽约州	2016 年	每一系列项目至少减负荷 50kW，储能补贴 2600 美元 /kW，电池储能补贴 2100 美元 /kW，需求响应补贴 800 美元 /kW。
	2019 年	纽约州能源研究与发展局根据其市场加速激励计划，为储能项目拨款 2.8 亿美元。
	2021 年	纽约监管机构批准的计划和政策已经“加速激励”该州的储能市场，并帮助其部署或签订了 1186 兆瓦的容量。

为推动行业发展，美国国家层面出台涉及战略规划、市场机制、技术研发、财税补贴等方面的配套政策；各州层面，由于资源禀赋、负荷特点及电力市场规则不同，电化学储能支持政策与行业发展态势有所差异。

2. 英国储能产业政策

英国在可再生能源发电领域，尤其是海上风电领域，走在世界前列，其电力行业对储能解决方案的需求尤为强烈。储能项目作为一个新的基建投资类型引起了业界广泛的关注和兴趣，然而无论是市场业态还是商业模式，英国的储能业务市场还处于探索阶段。相应地，针对储能业务的法律监管制度也在不断调整、变化和完善。

（1）现行监管体系及牌照制度

在相当长的一段时间，大规模的抽水储能水电装置是唯一的工业级储能形式；相应地，英国在法律制度中一直没有单独定义和区分“储能”业务，而将其作为“发电”的一种特别形态。Ofgem 也在 2018 年 12 月明确表示，考虑到储能项目和发电项目具有相似的特性，且两者在向电网输出电力的功能类似，因此，储能项目应当适用发电业务的监管框架。

然而随着新的储能技术、新的项目形态不断涌现，英国政府和业界都意识到两方面的问题，一是现有制度体系下对于“储能”项目没有明确的定义，因此，规则的适用有模糊和不确定之处；二是全盘适用“发电”监管体系可能对储能行业造成不必要的限制和负担。这两方面相互交叉的问题在很大程度上抑制了投资人对投资储能行业的积极性，阻碍了相关产业的发展。

针对上述情况，自 2016 年以来，英国政府和英国国家电网开始系统性地审视储能业务的特性，在监管制度和电网运行规则等多个方面有针对性地推出更新的或独立适用的监管规则。2017 年以来，Ofgem 经过多轮的公开征求意见，已在发电牌照的标准条款行文中纳入了“储能”业务的相关表述。

在现有的发电业务牌照制度下，50MW 以下的发电项目无需申请发电牌照，而 50MW 及以上的发电项目需要向 Ofgem 申请牌照。业界普遍的共识是 50MW 的门槛实质上限制了储能项目的投资规模并降低了投资人对储能项目的投资意愿，原因在于：（一）获取发电牌照后所受到的监管限制（牌照标准条款等）与这一规模的储能项目的特质并不匹配；（二）获取发电牌照后，储能项目必须加入一系列的行业技术规范和结算体系，这些技术规范和结算体系并不完全适用于储能项目的特点，但是会带来额外的合规和运营成本。因此，实践中有不少投资人将相对较大规模的储能项目分成若干个小于 50MW 的子项目；但这种做法在一定程度上牺牲了项目的经济性，增加了项目投资和运营成本。

针对上述困境，业界曾经普遍呼吁引入单独的“储能牌照”制度，以更好地适应储能业务的特点，然而，Ofgem 在 2018 年 12 月的表态否认了这一监管路线。未来在发电牌照框架下针对储能类项目是否会有特别的适用规则，也有待 Ofgem 的进一步明确。

（2）上网费用政策

在英国，接入电力系统的市场参与者需要缴纳一系列的电网系统费用，包括输电网络系统使用费（Transmission Network Use of System，TNUoS）、平衡服务系统使用费（Balancing Services Use of System，BSUoS）、配电系统使用费（Distribution Use of System，DUoS）和剩余费用（Residual Charges）等。

在既有的系统收费制度下，储能项目既要在入口端（充电过程）缴纳系统费用，也要在出口端（放电过程）缴纳系统费用，面临双重付费的情况。Ofgem和市场参与者均意识到该等双重付费的情况让储能项目比一般发电项目承受了更大的系统费用负担，扭曲了市场竞争关系，造成了不公平的市场竞争地位。自 2017 年前后起，行业参与者和政府部门在这一领域的专项研究和政策建议已经逐步落地；改革的方向和共识较为明确，即储能项目未来将只针对出口端（放电过程）缴纳系统费用，而不再就充电过程缴费。

（3）政府补贴政策

英国有数项针对低碳发电的补贴政策，包括气候变化费（Climate Change Levy，CCL）、可再生能源义务（Renewable Obligation，RO）、上网电价（Feed in Tariffs，FIT）、差值合同（Contract for Difference，CfD）等。各项制度在初始立法时均没有考虑储能项目的存在，其是否适用以及如何适用于储能项目需要在相关规则项下进行明确。

CCL 是在商业用户或公共事业用户消耗电力时收取的费用。在充电环节，储能项目在满足特定条件情况下，可以比照发电项目享受费用减免，但是在放电环节仍然需要在满足特定条件的情况下向最终用户收取 CCL。

针对已经获得 RO 和 FIT 补贴的发电项目，如果项目业主希望在站内加装附属储能设施（co-located storage），则视同对发电项目本身进行变更，需要将相关事项通知 Ofgem。Ofgem 会按照相关规则进行个案评估，以确定改造后的设施是否仍然可以享受 RO 或 FIT 补贴。

CfD 类补贴的标准合同条款明确规定相关发电项目不得自行使用储能设施，但是允许相关发电项目与第三方独立参与电网平衡机制的储能项目在一定限度内进行协作。

（4）参与容量市场及平衡系统（调频）

容量市场（Capacity Market）制度是英国政府为了鼓励发电环节投资、保障电网系统稳定而推出的一项举措。政府通过招标流程，提前 4 年（T–4 合同）、

3 年（T–3 合同）或 1 年（T–1 合同）就相关年度的容量响应进行招标；发电项目、储能项目以及具备需求弹性的电力用户企业均可以参与投标。中标者在相关年度内承诺在用电高峰期响应国家电网公司的容量调度需求，并就此按月获得固定收入。对于已投产项目，容量市场合同的期限通常为 1 年期，对于新投资项目，期限可以长达 15 年。容量市场合同是储能项目重要的收入来源之一。

2018 年 11 月，欧洲法院裁定“容量市场”合同可能属于违反欧盟法律的国家补贴行为，导致该类合同一度被暂停执行。2019 年 10 月，欧盟委员会正式裁定该类合同不违反欧盟法律，此后“容量市场”制度在英国市场得以继续执行。

在容量合同制度下，自 2017 年 12 月起，英国政府针对不同技术路线的储能项目设定了不同的技术规格要求和结算指标，充放周期更长的储能项目将获得更高的收入回报。

2020 年 5 月，BEIS 发布了关于容量市场制度的最新政策性文件，其中的主要变化之一是加入了对碳排放量的限制，这意味着高排放的化石能源发电项目参与容量市场合同的竞标将受到很大的限制，而清洁发电能源以及储能项目将从这一新政中获益。

在英国电力市场中，电网运营商会就网络平衡服务（Balancing Services）进行招标，由各发电项目进行竞标。从业务特性来看，储能项目可以参与固定频率响应（Firm Frequency Response，FFR）与增强频率响应（Enhanced Frequency Response，EFR）等合同的竞争。

在以往的市场实践中，电网公司通常会在此类合同中设定排他性条款，即一旦中标，该等合同将构成相关项目的唯一收入来源。如果参与此类竞标，则储能项目的收入较为单一，从而降低了整个项目的可行性；但如果不参与竞标，储能项目则需要与相当数量的交易相对方进行细致的合同谈判（且无市场标准合同可循），交易成本相对较高。

为进一步鼓励储能领域的投资，Ofgem 于 2018 年 9 月开始就移除相关合同中的排他性条款公开征集意见，并评估相关影响，目前相关政策的变更尚无明确的方向和时间表。与此同时，英国国家电网开始适度地延长储能项目签订 FFR 合同的期限——由过去的最长不超过 2 年，延长到 4 年，提供更长时间跨度的收入稳定性，以进一步鼓励和吸引投资。

总的来讲，英国的储能业务市场还处于探索阶段。相应地，针对储能业务的法律监管制度也在不断调整、变化和完善。整体的趋势方面英国不断放开储能参与辅助服务市场的要求，并进行相应的补贴和减免。

3. 日本储能产业政策

日本对新能源和储能技术长期予以支持与关注，20 世纪 70 年代以来，日本投入大量的资金进行电池技术的研究与开发。日本在新能源利用与储能领域采取较为集中的管理模式。政府将太阳能发电、新一代风力发电技术研究、新能源技术开发和体制建设等作为国家重点支持项目，通过国家预算的形式，对这些项目的支持已经上升为国家政策。日本新能源和产业技术开发组织（NEDO）在 2006 年启动了一项技术开发项目，旨在开发更便宜、寿命更长、效率更高的电池技术，以管理可再生能源产量的波动。日本的《2010 年基本能源计划》要求日本增加核电的使用，从当时的三分之一满足日本的电力需求，到 2030 年达到日本电力需求的一半左右。在 2011 年 3 月的福岛核灾难之后，2014 年《战略能源计划》呼吁更加关注发电来源的可靠性和多样化，以满足日本未来的能源需求。

2012 年 1 月，经济产业省成立了由自然资源和能源局、商务和信息政策局以及制造业局组成的储能战略项目小组，主要负责制定和实施蓄电池发展计划、政策、市场和相关技术的国际标准化。

日本对储能产业的政策支持主要体现在以下几个方面：

第一，能源计划鼓励可再生能源发展，激发储能行业需求。2018 年 7 月，日本内阁决议批准了“第 5 次基本能源计划”，该计划代表着日本能源领域的基本政策，是能源政策的基准法律文件，日本政府对该计划的执行承担义务。关于可再生能源，计划中首次提出到 2050 年将可再生能源发展成为日本主要的电力能源之一，可谓是此次计划中的一大亮点。但是，在 2030 年国家能源结构的规划上，此前设定的发展目标并未作出调整，依然是核电占比 20%~22%，可再生能源占比 22%~24%，火电占比 56%。

第二，打破电力行业垄断，跨区域电力调配需要储能行业配合。福岛核事故后，日本迈出了打破电力行业垄断的第一步，颁布了电气修改法，提高配电部门的独立性，实现国内跨区域电力调配，把储能技术开发作为实现日本下一步电力系统改革中的一个重要组成部分。

第三，对清洁能源技术推行激励方案。从 2016 年开始，日本政府欲继续推进清洁技术，经济产业省（METI）将针对商业领域的工厂和小企业推出 7790

万美元的能源效率和储存技术激励方案。METI 为该方案申请了 180 亿日元，作为补充预算的一部分，LED 照明、高效锅炉技术和分布式能源存储将被列入该方案。另外，METI 计划向光伏电站和电网变电站的能量存储系统提供激励机制。部署电池系统以增强电网实力，促进可再生能源普及率的增长水平。

第四，鼓励能源创新，发展新储能技术。日本政府陆续出台了《面向 2030 年能源环境创新战略》等战略计划，提出了能源保障、环境、经济效益和安全并举的方针，继续支持发展核能，推进节能和可再生能源，发展新储能技术，发展整体煤气化联合循环（IGCC）、整体煤气化燃料电池循环等先进煤炭利用技术。在技术方面，日本致力于降低电池的成本和提高电池的使用寿命，对多个项目进行技术研发，包括风电项目、车载电池、固定式储能电池、电池材料技术评价等，涉及的储能技术有锂电池、镍氢电池和全钒液流电池等。2020 年，日本研发新一代储蓄电池，并希望通过量产使生产成本比锂电池低九成。

第五，提供资金支持，为技术研发推广助力。在资金方面，日本致力于为储能技术的研发提供直接的资金拨款和为储能技术的推广提供费用补贴，如：日本经济产业省（METI）出资约为 9830 万美元的预算，为装设锂电子电池的家庭和商户提供 66% 的费用补贴。以钠硫电池为例，日本政府不仅在前期研发上给予无偿资金支持，提供 50% 以上的资金，还提供包括技术、市场、示范项目等多方面的扶持，并在其投入商业化运作后，继续给予补贴。

日本对储能产业的政策支持主要体现在以下几个方面：第一，能源计划鼓励可再生能源发展，激发储能行业需求。第二，打破电力行业垄断，跨区域电力调配需要储能行业配合。第三，对清洁能源技术推行激励方案。第四，鼓励能源创新，发展新储能技术。第五，提供资金支持，为技术研发推广助力。

1.2.2 国内储能政策梳理与分析

1. 国家层面出台储能政策

我国在可再生能源快速发展、电价政策不断完善、储能安装补贴政策发布、储能应用效果日益显现等多重因素的推动下，少部分储能技术已经开始由示范应用向商业化初期过渡。近几年，我国储能产业政策持续出炉，目标集中在可再生能源并网和电网侧。自《中华人民共和国国民经济和社会发展第十三个五年规划纲要》出台，我国各地方政府部门针对储能产业出台的政策层出不穷，储能产业在密集政策的推动下迅速发展。针对储能产业的政策主要集中在解决可再生能源并网出现的问题和电网侧调峰调频，电化学储能作为快速发展的储能方式，将得到较大的政策影响。

表 1–9 为最近几年我国出台的相关储能产业发展政策。2017 年国家发展改革委等五部门联合发布《关于促进储能技术与产业发展的指导意见》，其中明确提到在“十三五”期间储能产业发展进入商业化初期，“十四五”期间储能产业规模化发展。2019 年 7 月为进一步地贯彻落实该项指导意见，国家发展改革委等四部门发布 2019–2020 年行动计划，其中对国家发展改革委、科技部、工业和信息化部、国家能源局的工作任务都做了详细部署，具体如表 1–10 所示，其进一步推进我国储能技术与产业健康发展。

表 1–9　储能产业发展相关政策

政策名称	要点	颁布时间	颁布部门
《能源发展战略行动计划（2014–2020 年）》	首次将储能列入 9 个重点创新领域之一，要求科学安全安排储能配套能力以切实解决弃风、弃光、弃水问题。	2014	国务院
《关于深化电力体制改革若干意见》	明确储能参与调峰和可再生能源消纳的身份。	2015	国务院
《关于推进“互联网 + 智能能源发展的指导意见”》	推动在集中式新能源发电基地配置适当规模的储能电站，实现储能系统与新能源、电网的协调优化运行；推动电动汽车废旧动力电池在储能电站等储能系统实现梯次利用；推动建设家庭应用场景下的分布式储能设备。	2015	国务院
《能源技术革命创新行动计划（2016–2030）》	明确提出储能技术创新；研究面向电网调峰、区域供能应用的物理储能技术；研究面向可再生能源并网、微网电动车应用的储能技术。	2016	国家发展改革委
《关于推进电能替代的指导意见》	在可再生能源比重较大的电网地区，推广应用储能装置，提高系统调峰调频能力。	2016	国家发展改革委、国家能源局、财政部、生态环境部、住房城乡建设部、工业和信息化部、交通运输部、中国民航局

续表

政策名称	要点	颁布时间	颁布部门
《关于促进储能参与“三北”地区电力辅助服务补偿（市场）机制试点工作的通知》	探索电储能在电力系统运行中的调峰调频作用及商业化应用，推动建立促进可再生能源消纳的长效机制。	2016	国家发展改革委、国家能源局
《可再生能源发展“十三五”规划》	推动储能技术示范应用，配合国家能源战略行动计划，推动储能技术在可再生能源领域的示范应用，实现储能产业在市场规模、应用领域和核心技术等方面的突破。	2017	国家能源局
《关于促进我国储能技术与产业发展的指导意见》	要着力推进储能技术装备研发示范，储能提升可再生能源利用水平应用示范，储能提升能源电力系统灵活性稳定性应用示范，储能提升用能智能化水平应用示范，储能多元化应用支撑能源互联网示范等重点任务。	2017	国家能源局
《完善电力辅助服务补偿（市场）机制工作方案》	按需扩大电力辅助服务提供主体，鼓励储能设备，需求侧资源参与提供电力辅助服务，允许第三方参与提供电力辅助服务。	2017	国家能源局
《关于推进价格机制改革的若干意见》	研究有利于储能发展的价格机制。	2015	国务院
《关于创新和完善促进绿色发展价格机制的意见》	利用峰谷电差价，辅助服务补偿等市场化机制，促进储能发展。	2018	国家发展改革委
《关于促进电化学储能健康有序发展的指导意见》	在国家尚未出台新的鼓励政策的情况下，各省级电力公司不参与电源侧和客户侧储能投资建设，可以根据需要，以技术创新和解决工程应用难题为目标，开展电网侧储能试点示范应用。推动政府主管部门将各省级电力公司投资的电网侧储能计入有效资产，通过输配电价疏导。电源侧储能和独立的纯调峰调频储能的接入，参照常规电源接入管理办法执行。客户侧储能的接入，参照分布式电源管理办法执行。	2019	国家电网
《关于推进电力源网荷储一体化和多能互补发展的指导意见》	提出源网荷储一体化实施路径将通过优化整合本地电源侧、电网侧、负荷侧资源，以先进技术突破和体制机制创新为支撑，探索构建源网荷储高度融合的新型电力系统发展路径；多能互补方面强调利用存量常规电源，合理配置储能，统筹各类电源规划、设计、建设、运营，优先发展新能源，积极实施存量“风光水火储一体化”提升，稳妥推进增量“风光水（储）一体化”，探索增量“风光储一体化”。	2021.2	国家发展改革委、国家能源局

续表

政策名称	要点	颁布时间	颁布部门
《关于加快推动新型储能发展的指导意见》	提出统筹开展储能专项规划，大力推进电源侧储能项目建设，积极推动电网侧储能合理化布局，积极支持用户侧储能多元化发展。完善政策机制，明确新型储能独立市场主体地位，健全新型储能价格机制，健全“新能源 + 储能”项目激励机制。鼓励探索建设共享储能。到 2025 年，实现新型储能从商业化初期向规模化发展转变，装机规模达 3000 万千瓦以上。到 2030 年，实现新型储能全面市场化发展。	2021.7	国家发展改革委、国家能源局
《关于鼓励可再生能源发电企业自建或购买调峰能力增加并网规模的通知》	在电网企业承担风电和太阳能发电等可再生能源保障性并网责任以外，仍有投资建设意愿的可再生能源发电企业，可通过与调峰资源市场主体进行市场化交易的方式承担调峰责任，以增加可再生能源发电装机并网规模；同时提出了自建合建调峰和储能能力的确认与管理办法、购买调峰与储能能力的确认与管理办法。	2021.7	国家发展改革委、国家能源局
《关于进一步完善分时电价机制的通知》	提出完善峰谷电价机制、建立尖峰电价机制、健全季节性电价机制。各地要统筹考虑当地电力系统峰谷差率、新能源装机占比、系统调节能力等因素，合理确定峰谷电价价差，上年或当年预计最大系统峰谷差率超过 40% 的地方，峰谷电价价差原则上不低于 4 ∶ 1；其他地方原则上不低于 3 ∶ 1。各地要结合实际情况在峰谷电价的基础上推行尖峰电价机制，尖峰时段根据前两年当地电力系统最高负荷 95% 及以上用电负荷出现的时段合理确定，并考虑当年电力供需情况、天气变化等因素灵活调整，尖峰电价在峰段电价基础上上浮比例原则上不低于 20%。日内用电负荷或电力供需关系具有明显季节性差异的地方，要进一步建立健全季节性电价机制，分季节划分峰谷时段，合理设置季节性峰谷电价价差。	2021.7	国家发展改革委
《关于鼓励可再生能源发电企业自建或购买调峰能力增加并网规模的通知》	要求超过电网企业保障性并网以外的规模初期按照功率 15% 的挂钩比例（时长 4 小时以上）配建调峰能力，按照 20% 以上挂钩比例进行配建的优先并网；超过电网企业保障性并网以外的规模初期按照 15% 的挂钩比例购买调峰能力，鼓励按照 20% 以上挂钩比例购买。	2021.8	国家发展改革委、国家能源局
《抽水蓄能中长期发展规划(2021–2035 年)》	提出到 2025 年，抽水蓄能投产总规模 6200 万千瓦以上；到 2030 年，投产总规模 1.2 亿千瓦左右；到 2035 年，形成满足新能源高比例大规模发展需求的，技术先进、管理优质、国际竞争力强的抽水蓄能现代化产业。	2021.9	国家能源局

续表

政策名称	要点	颁布时间	颁布部门
《关于进一步深化燃煤发电上网电价市场化改革的通知》	有序推动尚未进入市场的工商业用户全部进入电力市场，取消工商业目录销售电价；要求各地加快落实分时电价政策，建立尖峰电价机制，引导用户错峰用电、削峰填谷。	2021.10	国家发展改革委
《电力并网运行管理规定》《电力辅助服务管理办法》	明确将电化学储能、压缩空气储能、飞轮等新型储能纳入并网主体管理。并且鼓励新型储能、可调节负荷等并网主体参与电力辅助服务。	2021.12	国家能源局

表 1-10　2019-2020 年行动计划出台并明确各部门职责情况

牵头部门	主要内容
国家发展改革委	加大储能项目研发试验验证力度； 推动配套政策落地，进一步建立完善峰谷电价政策，为储能行业和产业的发展创造条件； 完善储能相关基础设施，推进停车充电一体化建设
科技部	加强先进储能技术研发，使我国储能技术在未来 5~10 年甚至更长时间内处于国际领先水平
国家能源局	提升储能安全保障能力检核，在电源侧研究采用响应速度快，稳定性高，具备随时启动能力的储能系统，以及研究采用大容量，响应速度快的储能技术规范电网侧储能发展； 调整抽水蓄能电站选点规划并探索研究海水抽水蓄能电站建设； 组织首批储能示范项目，积极推动储能国家电力示范项目建设； 推进储能与分布式发电，集中式新能源发电联合应用；开展储能保障电力系统安全示范工程建设；推动储能设施参与电力辅助服务市场； 开展充电设施与电网互动研究； 完善储能标准体系建设
工业和信息化部	继续推动储能产业智能升级和储能设备的首台（套）应用推广

“十三五”时期我国国家层面出台的主要储能政策包括如下几类。

一是储能产业发展规划。2017 年，我国印发了《关于促进储能技术与产业发展的指导意见》（简称《指导意见》），作为支持我国储能产业发展和技术应用的第一个综合性文件，提出了两个阶段性储能发展目标，即第一阶段实现储能由研发示范向商业化初期过渡，第二阶段实现从商业化初期向规模化发展转变。《指导意见》的发布，明确了我国“十三五”和“十四五”期间为探索储能商业化发展道路而制定的“两步走”的战略方案，提出了未来 10 年储能发展的目标，明确支持 10MW/100MWh 级超临界压缩空气储能系统、10MW/1000MJ

级飞轮储能阵列机组、100MW 级锂离子电池储能系统等储能技术。电网侧储能也在《指导意见》支持下，布局了一批有引领作用的重大储能试点示范工程。到 2019 年，我国印发了《贯彻落实 < 关于促进储能技术与产业发展的指导意见 >2019—2020 年行动计划》，计划提出加强先进储能技术研发，推进大容量压缩空气储能等重大先进技术项目建设，推动百兆瓦压缩空气储能项目实现验证示范；推进储能项目在大规模可再生能源消纳、分布式发电、微网等领域示范和应用；推进抽水蓄能发展和新能源汽车动力电池储能化应用；完善落实促进储能技术与产业发展的政策；加快推进储能标准化。计划的出台为我国储能技术的进一步发展指明了方向，在国家层面政策的影响下，我国储能装机规模快速增加。而到 2020 年，储能成为国家能源工作的重点方向，被作为国家的战略性新兴产业，成为一个新的经济增长点，实现了储能的多领域融合渗透，初步建立了商业模式。近年储能产业发展规划方面的政策汇总情况如表 1–11 所示。

表 1–11　近年我国储能产业发展规划政策

政策	时间	主要内容
《关于促进储能技术与产业发展的指导意见》	2017.9	明确促进我国储能技术与产业发展的重要意义、总体要求、重点任务和保障措施
《2018年能源工作指导意见》	2018.2	推进 100 MW 压缩空气储能电站等项目前期工作，推进储能技术示范项目建设
《推进综合能源服务业务发展 2019—2020 年行动计划》	2019.2	引领能源新技术应用，统筹布局综合能效服务、供冷供热供电多能服务、分布式清洁能源服务和专属电动汽车服务等四大重点业务领域，完成 22 项关键技术设备研发，建成 20 个重点示范项目
《贯彻落实 < 关于促进储能技术与产业发展的指导意见 >2019—2020年行动计划》	2019.6	提出要加大储能项目研发实验验证力度。重点推进大容量压缩空气储能等重大先进技术项目建设，推动百兆瓦压缩空气储能项目实现验证示范；计划提出积极推动储能国家电力示范项目建设
《关于做好 2020 年能源安全保障工作的指导意见》	2020.6	开展煤电风光储一体化试点，推动储能技术应用，鼓励电源侧、电网侧和用户侧储能应用，鼓励多元化的社会资源投资储能建设
《2020年能源工作指导意见》	2020.6	提出加大储能发展力度。研究实施促进储能技术与产业发展的政策，开展储能示范项目征集与评选
《关于扩大战略性新兴产业投资培育壮大新增长点增长极的指导意见》	2020.9	加快新能源产业跨越式发展，加快突破风光水储互补、高效储能等新能源电力技术瓶颈，建设新型储能、制氢加氢设施、燃料电池系统等基础设施网络
《产业结构调整指导目录》	2020.1	明确列出了要大力发展大容量电能存储技术开发与利用

续表

政策	时间	主要内容
《关于推进电力源网荷储一体化和多能互补发展的指导意见》	2021.2	提出将通过优化整合本地电源侧、电网侧、负荷侧资源，探索构建源网荷储高度融合的新型电力系统发展路径；多能互补方面强调利用存量常规电源，合理配置储能，统筹各类电源规划、设计、建设、运营。
《关于加快推动新型储能发展的指导意见》	2021.7	提出统筹开展储能专项规划，大力推进电源侧储能项目建设，积极推动电网侧储能合理化布局，积极支持用户侧储能多元化发展。完善政策机制，明确新型储能独立市场主体地位，健全新型储能价格机制，健全“新能源+储能”项目激励机制。鼓励探索建设共享储能。

二是储能应用在电力市场的激励政策。2018 年 7 月，国家发展改革委、国家能源局联合出台《关于积极推进电力市场化交易进一步完善交易机制的通知》，提出促进清洁能源消纳和电力资源大范围优化配置，要求“各地要取消市场主体参与跨省区电力市场化交易的限制，逐步放开市场主体跨省区交易”。2018 年 7 月，国家发展改革委发布了《关于创新和完善促进绿色发展价格机制的意见》，意见要求拉大高峰时段和低谷时段的电价价差，鼓励储能企业发挥削峰填谷作用，参与电力市场交易获得收益。

2020 年 6 月国家发展改革委、国家能源局印发了《关于电力中长期交易基本规则》的通知，在此之前，储能企业是不能作为一个独立的电力市场主体去参与中长期交易的，此通知明确了参与电力市场中长期交易的市场成员包括储能企业。虽然目前储能参与电力市场交易还有一定的阻碍，但是此项规则的制定，说明政府越来越重视储能的发展，储能在电力市场中的地位逐步增强。

2020 年 7 月，国家发展改革委发布了《关于做好电力现货市场试点连续试结算相关工作的通知》，该通知将电力中长期交易从“电量交易”转变为“带时标的电力、电量交易”，进一步完善电力现货市场价格形成机制。2020 年 12 月，国家发展改革委、国家能源局印发了《关于做好 2021 年电力中长期合同签订工作的通知》，其中指出要拉大峰谷价差，交易双方签订分时段合同时，可约定峰谷时段交易价格，也可参考上一年平均交易价格确定平段电价，峰谷电价基于平段电价上下浮动。峰谷差价作为购售电双方电力交易合同的约定条款，在发用电两侧共同施行，拉大峰谷差价，峰谷电价政策为储能产业的发展创造了有利的条件。2021 年 7 月，国家发展改革委印发《关于进一步完善分时电价机制的通知》，部署各地进一步完善分时电价机制，特别是优化峰谷电价机制、出台尖峰电价机制，服务以新能源为主体的新型电力系统建设，促进能源绿色低碳发展。这有利于引导用户在电力系统低谷时段多用电，并为抽水蓄能、新型储能发展创造更大空间，这对促进风电、光伏发电等新能源加快发展、有效消纳，着眼中长期实现碳达峰、碳中和目标具有积极意义。

我国主要从发展规划和激励机制方面对储能进行了政策引导，并通过分时电价为储能的盈利创造了空间。2021 年 7 月 21 日，国家发展改革委、国家能源局发布《关于加快推动新型储能发展的指导意见》，明确目标至 2025 年，国内新型储能（除抽水蓄能外的储能系统）装机总规模达 30GW 以上（见表 1-12）。《意见》对发电侧、电网侧和用户侧储能项目建设要求分别是“大力推进电源侧储能项目建设”“积极推动电网侧储能合理化布局”“积极支持用户侧储能多元化发展”，从表述看，未来政策对 3 种储能的支持力度会是发电侧 > 电网侧 > 用户侧。

表 1-12 《关于加快推动新型储能发展的指导意见》主要内容

目标	到 2025 年，实现新型储能从商业化初期向规模化发展转变，装机规模达 30GW 以上。
发电侧	大力推进电源侧储能项目建设。布局一批配置储能的系统友好型 新能源电站项目，为电力系统提供容量支撑及一定调峰能力。充分发挥大规模新型储能的作用，推动多能互补发展，规划建设跨 区输送的大型清洁能源基地，提升外送通道利用率和通道可再生能源电量占比。
电网侧	积极推动电网侧储能合理化布局。通过关键节点布局电网侧储能，提升大规模高比例新能源及大容量直流接入后系统灵活调节能力和安全稳定水平。在电网末端及偏远地区，建设电网侧储能或风光储电站，提高电网供电能力，围绕重要负荷用户需求，建设一批移动式或固定式储能，提升应急供电保障能力或延缓输变电升级改造需求。
用户侧	积极支持用户侧储能多元化发展。鼓励围绕分布式新能源、微电网、大数据中心、5G 基站、充电设施、工业园区等其他终端用户，探索储能融合发展新场景。鼓励聚合利用不间断电源、电动汽车、用户侧储能等分散式储能设施，依托大数据、云计算，人工智能区块链等技术，结合体制机制综合创新，探索智慧能源、虚拟电厂等多种商业模式。

2. 地方层面典型储能政策

在能源发展规划方面，据统计，全国各地区共 31 个省份、地区发布了“十三五”时期能源发展规划政策，其中有 22 个地区的规划提到了储能的发展，在这些政策的推动下，步入“十三五”后，建设了一批储能、智能微网等新型能源技术应用示范项目，电化学储能技术作为储能产业的潜力股率先进入发展快车道，电化学储能装机规模迅速增长，储能产业逐步由示范应用转向商业化的过渡期。其中随着锂离子电池制造成本的降低，锂离子电池在储能领域迎来爆发式增长。表明随着国家储能政策和市场环境的变化，我国储能的发展进入了一个有序发展的战略布局新阶段。

在调峰辅助服务规则方面，近年国内多个省市和地区发布了电力辅助服务建设方案和运营规则，这些规则进一步促进了电力辅助服务市场健康有序地发展，也为储能等新技术以及新市场主体参与电力市场提供了平台。几乎每个发布了调峰辅助服务市场政策文件的地区都指出储能可参与电力市场并可获得相应补偿收益。新疆、东北等地区发布的文件在确立电储能参与电力辅助服务市场主体的基础上，赋予电储能极大的灵活性，电储能既可以联合火电作为交易主体，也可单独作为交易主体；在交易方式上，主要是双边协商和集中竞价两种。另外，华北地区提出第三方独立主体参与电力调峰辅助服务市场的试点方案，是探索将电力辅助服务市场参与方由发电侧延伸至负荷侧的新机制。

在地方补贴方面，2018 年 8 月，天津市工信委、财政局发布关于组织申报 2018 年天津市供热机组“热电解耦”改造补助备选项目的通知，为了推动“热电解耦”改造，缓解冬季电网调峰压力，将对增设蓄热、储能设施等技术方案实现供热调峰能力的改造项目进行补贴。要求项目是在 2014 年 1 月 1 日以后实施且已完工投入运行，对改善电网调峰具有实际效果，单个项目补贴资金不超过 600 万元且不超过项目总投资的 30%。这是我国最早对储能项目进行补贴的地方政策，极大地激励了地方储能的发展。而后合肥、苏州、昆明、新疆、西安等地也陆续出台了地方补贴政策，其中，苏州市地方政府的补贴无任何对储能系统容量、放电时长的要求，补贴门槛较低，而江苏是我国的工业集中地区，用电峰谷价差水平居全国前列，用户侧储能发展迅速。近 3 年来我国主要地方储能补贴政策如表 1–13 所示。

表 1–13　我国主要地方储能补贴政策

时间	地区	政策	主要内容
2018.8	天津	《关于组织申报 2018 年天津市供热机组“热电解耦”改造补助备选项目的通知》	对增设蓄热、储能设施等技术方案实现供热调峰能力的改造项目进行补贴，单个项目补贴资金不超过 600 万元且不超过项目总投资的 30%
2018.9	合肥	《关于进一步促进光伏产业持续健康发展的意见》	支持光伏储能系统应用，对储能系统按实际充电量给予投资人 1 元 /（kWh）补贴
2019.3	苏州	《苏州工业园区绿色发展专项引导资金管理办法》	针对在园区备案实施、且已并网投运的储能项目，自项目投运后按发电量（放电量）补贴 3 年，每千瓦时补贴业主单位 0.3 元 /（kWh）

续表

时间	地区	政策	主要内容
2020.5	昆明	《昆明市加快推进电动汽车充电基础设施建设实施意见》	对于集光伏发电、储能、充电为一体的示范站，给予50万元/座的一次性补贴（市、县各承担50%）
2020.5	新疆	《新疆电网发电侧储能管理暂行规则》	对根据电力调度机构指令进入充电状态的电储能设施所充电的电量进行补偿，补偿标准为0.55元/（kWh）
2020.12	西安	《关于进一步促进光伏产业持续健康发展的意见（征求意见稿）》	对2021年1月1日至2023年12月31日期间建成运行的光伏储能系统，自项目投运次月起，对储能系统按实际充电量给予投资人1元/（kWh）补贴
2021.1	青海	关于印发支持储能产业发展若干措施（试行）的通知》	明确储能发售的电量运营补贴0.1元/kwh（使用青海储能电池60%以上项目，再增加0.05元/kwh），补贴期限暂定为2021.1–2022.12。
2021.5	陕西	《2021年陕西省电力需求响应工作方案》	单次响应量在申报响应量的80%–120%之间，按照实际响应量给予补偿，单次实际响应量超过申报响应量的120%，按照申报响应量的120%给予补偿，单次实际响应量低于申报响应量80%的不享受补偿。

在峰谷电价政策方面，全国各地峰谷价差的合理调整对储能技术应用特别是用户侧储能的应用支持显著，加大峰谷电价的实施力度，引导用户错峰用电，使储能的应用价值得以合理的核算，可提高项目的收益水平，并对提高电力资源的利用效率有积极的作用。目前在各省市下调工商业销售电价后，北京、江苏、广东、浙江、安徽、云南、上海等地的一般工商业的峰谷价差超过0.7元/kWh，其中，北京城区和郊区各电压等级的峰谷价差更是高达1元/kWh以上，而江苏、广东部分地市、浙江也普遍超过0.8元/kWh，为这些地区用户侧储能的开展提供了较为有利的条件。据资料分析，峰谷价差大于0.7元/kWh便可以有收益。但对于未来用户侧储能市场来说，除了政策上需要进一步扩大电价差之外，储能的成本、寿命也直接影响国内用户侧储能的推广。2018年7月，国家发展改革委印发了《关于创新和完善促进绿色发展价格机制的意见》，明确指出加大峰谷电价实施力度，运用价格信号引导电力削峰填谷，利用峰谷电价差、辅助服务补偿等市场化机制，促进储能发展。目前已有江苏、山东、云南、贵州等地相继转发了该文件，表示将加大峰谷电价支持力度。

从最新的地方性政策看，发电侧储能推行力度远高于电网侧/用电侧储能。

发电侧储能地方政策：强制安装+有效激励手段+补贴。各地发电侧政策可主要分为两类：一类是要求新能源项目必须按一定功率配比配置发电侧储能，如湖南、湖北、新疆、陕西、福建等地；一类是鼓励新能源项目按一定功率配比配置发电侧储能，同时会在项目审批、并网时给予政策倾斜。此外，部分地区（青海、新疆等地）会给予发电侧储能发售电量一定补贴，以提升其经济性。

用电侧 / 电网侧储能地方政策：示范性项目 + 经济性探索。地方性电网侧和用电侧的激励措施还处于发展初期，多以推行示范项目，探索经济性手段（如提升峰谷价差、设置容量电价）为主。

并网运行方面，2017 年 9 月，江苏省电力公司发布《用户侧储能系统并网管理规定（试行）》，提供关于储能系统并网的管理规范。辅助服务方面，2017 年 11 月，山西省能源监管办印发《关于鼓励电储能参与山西省调峰调频辅助服务有关事项的通知》，涉及调峰和调频两种辅助服务品种，包括联合式和独立式等两种电储能设施参与方式。2017 年 12 月，南方电网《南方区域电化学储能电站并网运行管理及辅助服务实施细则（试行）》出台，首次提出了电化学储能按照电力调度机构指令提供充电调峰服务的补偿标准。2021 年 6 月 15 日，河南省发展和改革委员会、国家能源局河南监管办公室发布《关于加快推动河南省储能设施建设的指导意见》，文件指出，鼓励新能源项目配套建设储能。对储能配置比例不低于 10%、连续储能时长 2 小时以上的新能源项目，在同等条件下优先获得风光资源开发权，由电网企业优先并网、优先保障消纳。鼓励各类市场主体与储能产业领军企业合作，建设共享储能电站。新能源企业可以租用或购买服务等形式配用储能，租赁容量视同其配建储能容量，发挥储能“一站多用”的共享作用。

具体来讲，最新的典型地方储能政策如下表 1–14 所示。

表 1–14　最新典型地方储能政策

政策分类	地区	政策内容	政策时间
补贴政策	青海省	对“新能源 + 储能”“水电 + 新能源 + 储能”项目中自发 自储设施所发售的省内电网电量，给予每千瓦时 0.10 元补贴；经省工业和信息化厅认定使用本省产储能电池 60 以上的项目，再增加每千瓦时 0.05 元补贴。	2021/1/18
	新疆维吾尔自治区	对根据电力调度机构指令进入充电状态的火电、风电、光伏等电储能设施所充电的电量进行补偿，补偿标准为 0.55 元 / 千瓦时。	2020/5/26
	苏州市	按发电量（放电量）补贴 3 年，每千瓦时补贴业主单位 0.3 元。	2019/3/2
	陕西省	单次响应量在申报响应量的 80%~120% 之间，按照实际响应量给予补偿，单次实际响应量超过申报响应量的 120 按照申报响应量的 120% 给予补偿，单次实际响应量低于申报响应量 80% 的不享受补偿。	2021/5/21

续表

政策分类	地区	政策内容	政策时间
强制配储能政策	湖南省	加快推进“新能源 + 储能”模式，对新增风电按照装机容量 20% 配置储能，新增光伏按照装机容量 10% 配置储能。	2020/12/16
	湖北省	针对风光火互补基地、风光水（抽水蓄能）基地、风光火（水）储基地分门别类地进行调峰配置，不足部分（基地规模与可配置的新能源项目规模之差）应按照化学储能容量不低于 10%、时长不低于 2 小时、充放电不低于 6000 次的标准配置储能。	2021/6/7
	新疆维吾尔自治区	阿克苏地区要求纳入开发建设的光伏发电项目需按不低于 10% 的装机比例配置储能，且需同步开工建设；喀什地区要求部分光伏发电项目配套储能设施充电小时数不低于 2 小时。	2021/3/19
	陕西省	关中、陕北新增 10 万千瓦（含）以上集中式风电、光伏发电项目按照不低于装机容量 10% 配置储能设施，其中榆林地区不低于 20%；新增项目储能设施按连续储能时长 2 小时以上，储能系统满足 10 年（5000 次循环）以上工作寿命，系统容量 10 年衰减率不超过 20% 标准进行建设，且须与发电项目同步投运；鼓励地方政府或大型企业牵头在升压站附近配置集中式储能电站。	2021/3/10
	福建省	项目建设原则上年内开工并网，要求储能配置不低于开发规模的 10%。	2021/5/24
	贵州省	已投产的风电、光伏发电项目应在投产一年内配套储能，新建的风电、光伏发电项目应按照“同步规划、同步设计、同步建设、同步投产”的原则配套储能。	2021/3/5
	宁夏回族自治区	原则上新增项目储能设施与新能源项目同步投运，存量项目在 2022 年 6 月前完成储能设施投运。存量项目限期完成配套。	2021/1/8
优先支持政策	河南省	给出全省新能源电力消纳指引，I 类地区要求配置 10%，2h；II 类地区 15%，2h；III 类地区 20%，2h 以上基础储能。	2021/6/21
	河南省	对储能配置比例不低于 10%、连续储能时长 2 小时以上的新能源项目，在同等条件下优先获得风光资源开发权，由电网企业优先并网、优先保障消纳。	2021/6/15
	天津市	单体容量超过 5 万千瓦的项目，承诺配套建设储能设施比例达到最低要求（光伏发电 10%、风电 15%）或提供相应调峰能力的，得 20 分；在此基础上，储能设施配比每增加 1%，得分加 2 分，直至 30 分；储能设施应按照连续储能时长不低于 1 小时，系统工作寿命 10 年以上的标准配置，且在发电项目并网后 2 年内建成投运。	2021/6/7
	广西壮族自治区	在2021年度风电、光伏竞争性配置评分办法中，配置储能最高可得15分。	2021/5/7
	山东省	山东省新增集中式风电、光伏发电项目，原则上按照不低于 10% 比例配建或租赁储能设施，连续充电时间不低于 2 小时；风电、光伏发电项目按比例要求配建或租赁储能示范项目的，优先并网，优先消纳。	2021/4/8
	山东省	建立独立储能共享和储能优先参与调峰调度机制；新能源场站原则上配置不低于 10% 储能设施。	2021/2/19

在储能配置容量和时长方面：一是多采用“10%+2小时”的配置要求。青海、宁夏、山东等省份均有新能源项目储能配置比例不低于10%、连续储能时长2小时以上的原则要求；内蒙古要求配置为容量达到项目建设规模的5%及以上，储能系统时长为1小时及以上。二是电力公司鼓励引导业主进行更高配比承诺。江苏、湖南等省份电力公司均鼓励引导项目业主自行承诺配置一定比例储能。其中，江苏省电力公司引导和鼓励新能源业主自行承诺配置一定比例储能（海上风电20%、陆上风电10%）；湖南公司要求新投运风电配置20%储能、光伏配置10%储能；新疆一度鼓励光伏电站合理配置储能系统，储能电站原则上按照光伏电站装机容量20%配置，但2019年12月，新疆维吾尔自治区发展改革委发布《关于取消一批发电侧光伏储能联合运行试点项目的通知》，取消试点。另外，电储能可以多种形式参与调峰等辅助服务。河南交易规则明确，电储能参与调峰交易，既可在电源侧，也可在负荷侧，或者以独立电储能设施为系统提供调峰等辅助服务。

第三节　多类储能综合性评价分析

1.3.1 多类储能综合性评价必要性

当前，面对传统化石能源紧缺、环境污染和气候条件日益恶化的局面，世界各国大力开发风能、太阳能等可再生能源，以此满足经济社会发展的能源电力需要，从而推动人类社会的健康可持续发展。可再生能源发电的快速发展在一定程度上解决了人类发展所面临的资源与环境问题，但可再生能源发电出力具有随机性和波动性，大规模并网后将影响电力系统的安全稳定运行，同时也会增加系统调度难度和经济成本。当前，电力系统面临着可再生能源发电出力不确定性和用户负荷需求不确定性，为应对这种供需双侧不确定性给电力系统带来的挑战和风险，电储能系统得到了人们广泛的关注，近年来得到了快速发展。目前储能的类型有很多，包括抽水蓄能、压缩空气储能、电化学储能等。对各类储能的综合性进行评价分析，能够为电力系统投资规划和利益主体投资决策提供参考。

1.3.2 多类储能综合性评价指标体系构建

随着经济社会的发展，化石能源和环境污染的不可持续性所引起的“涟漪效应”逐渐被人们所重视，可持续发展理论逐步被应用到社会各行各业。可持续发展一般包括经济、社会和环境三个维度，考虑到储能系统的技术密集属性，基于可持续发展理论，从经济性、社会性、环境性和技术性等 4 个维度构建多类储能综合性评价指标体系。首先，基于全面性、可操作性和客观性等原则，根据有关文献资料构建多类储能综合性评价初始指标体系；通过向相关高校和研究机构有关专家学者反复咨询，并运用德尔菲法确定了最终的评估指标体系，具体如图 1-16 所示。

该评估指标体系由目标层、维度层和指标层构成，目标层为多类储能综合性评价指标体系；维度层根据可持续发展理论构建，包括经济性、社会性、环境性和技术性；指标层隶属于维度层，每一维度层皆包括若干个指标，各指标的具体内涵和属性如下所述。

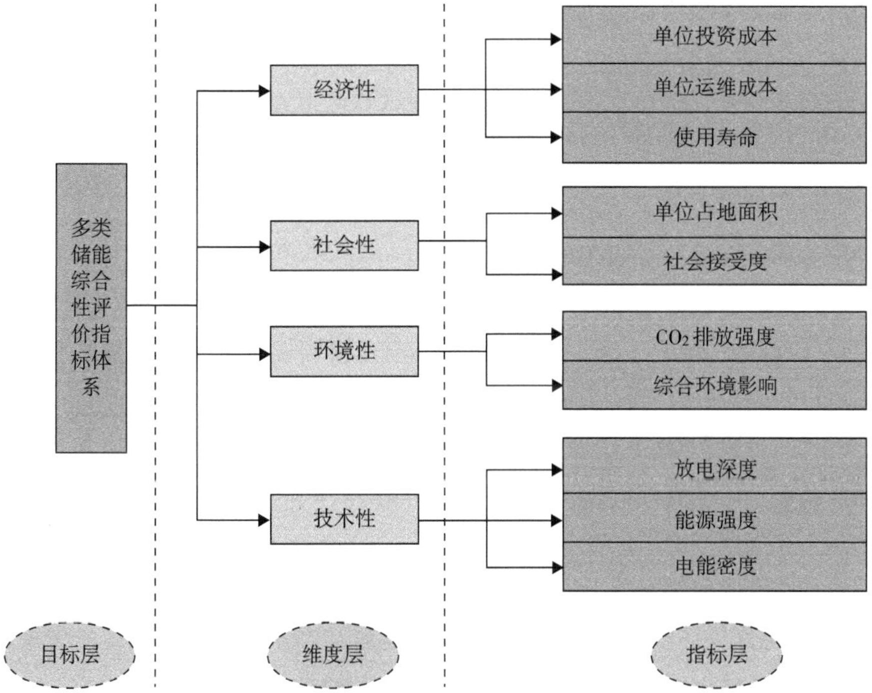

图 1-16　多类储能综合性评价指标体系

（1）经济性维度下的各指标含义

经济性维度包括单位投资成本、单位运维成本和使用寿命等 3 个指标。

1）单位投资成本（C1）：指储能电站充放单位电能的投资建设成本，单位为元 /kWh，其是定量（指标值可以通过实际数据表示）、极小型（越小越好）指标。

2）单位运维成本（C2）：指储能电站一个充放电周期单位电能的变动成本，包括电站运行和维修等产生的成本，单位为元 /kWh，其是定量、极小型指标。

3）使用寿命（C3）：指电储能设置的最大使用年限，单位为年，其是定量、极大型（越大越好）指标。

（2）社会性维度下的各指标含义

社会性维度包括单位占地面积和社会接受度等 2 个指标。

1）单位占比面积（C4）：指根据单位电量折算的储能电站占地面积，为建设储能电站所占土地面积与整个寿命周期储能电站最大充放电量之比，单位是 m^2/kWh，其是定量、极小型指标。

2）社会接受度（C5）：指综合考虑安全、便捷、影响等因素，储能电站管理者及公众对各类型储能电站（如抽水蓄能电站、电池储能电站等）的偏好程度，是主观评价指标，可由不同等级表征，其是定性（指标值可以通过主观判定以等级的形式表示）、极大型指标。

（3）环境性维度下的各指标含义

环境性维度包括 CO_2 排放强度和综合环境影响等 2 个指标。

1）CO_2 排放强度（C6）：指储能电站全生命周期单位充放电量的 CO_2 排放量，单位为 kg/kWh，其是定量、极小型指标。

2）综合环境影响（C7）：指储能电站建设对当地自然生态环境和人文景观的综合影响，是主观评价指标，可由不同等级表征，其是定性、极小型指标。

（4）技术性维度下的各指标含义

技术性维度包括充放电效率、能源强度和能源密度等 3 个指标。

1）放电深度（C8）：指储能系统释放电量与额定容量的百分比，该指标影响储能电站实际运行效果，其是定量、极大型指标。

2）能源强度（C9）：指单位能量储能电站建设过程中所消耗的能源量，包括原材料的提取与加工、零部件制造及材料运输过程中消耗的能源量，单位为

MJ/MJ，其是定量、极小型指标。

3）电能密度（C10）：指单位体积储能电站所能存储的电能量，单位为 MJ/m^3，其是定量、极大型指标。

1.3.3 多类储能综合性评价模型构建

由于多类储能综合性评价中的动态多变性和人类知识及决策行为的局限性，多类储能综合性评价过程存在一定的模糊性，同时各评估指标值往往很难精确地获得，也具有较强的模糊特征。因此，多类储能综合性评价是一个模糊环境下的多属性决策问题。基于此，结合模糊集理论，最优最劣方法和 TOPSIS 方法构建不确定环境下多类储能综合性评价模型。

（1）模糊最优最劣方法

最优最劣法（Best-Worst Method，BWM）是一种最新的多属性决策方法，由学者 Rezaei J. 在 2015 年提出，其与层次分析法（AHP）类似，充分考虑专家及决策者的经验和知识，通过两两指标间成对比较获取指标的权重或表现值。但与 AHP 法不同的是，BWM 法首先选取最优指标和最劣指标，进而将其与其他指标进行两两比较，从而简化了两两指标之间的比较次数，降低了不一致风险，从而保证结果的可靠性，但尚未考虑模糊性问题。为使 BWM 法可以有效解决模糊环境下的决策问题，华北电力大学郭森等提出了模糊最优最劣法（Fuzzy BWM，FBWM）。FBWM 的基本原理如下所述。

研究对象共包括 n 个指标，专家或决策者可根据自身的知识和经验以语言等级评价的方式给出两两指标之间的重要程度，如同等重要、稍微重要、非常重要等，进而可根据表 1-15 将语言等级评价结果转化为三角模糊数，进而可得到模糊比较矩阵黑体斜体，向量也是这样 $\tilde{A}$，如式（1-1）所示。

表 1-15　语言等级评价结果转化规则

语言变量	隶属度函数
同等重要（EI）	（1，1，1）
稍微重要（WI）	（2/3，1，3/2）
一般重要（FI）	（3/2，2，5/2）
很重要（VI）	（5/2，3，7/2）
非常重要（AI）	（7/2，4，9/2）

$$\tilde{A} = \begin{array}{c} \\ c_1 \\ c_2 \\ \vdots \\ c_n \end{array} \begin{array}{c} \begin{array}{cccc} c_1 & c_2 & \cdots & c_n \end{array} \\ \begin{bmatrix} \tilde{a}_{11} & \tilde{a}_{12} & \cdots & \tilde{a}_{1n} \\ \tilde{a}_{21} & \tilde{a}_{22} & \cdots & \tilde{a}_{2n} \\ \vdots & \vdots & \ddots & \vdots \\ \tilde{a}_{n1} & \tilde{a}_{n2} & \cdots & \tilde{a}_{nn} \end{bmatrix} \end{array} \tag{1-1}$$

式中：$\tilde{a}_{ij}$ 为指标 i 相对于指标 j 的模糊偏好程度，可由三角模糊数表征。

运用 FBWM 确定各评估指标权重的具体步骤如下所述。

步骤 1：构建评估指标体系

合理确定评估指标体系对多类储能综合性评价至关重要，其应能够表征多类储能的基本技术经济特征。含 n 个指标的多类储能综合性评价指标体系可表示为 $\{c_1, c_2, \cdots, c_n\}$。

步骤 2：确定最优指标和最劣指标

在构建评估指标体系的基础上，需要根据决策者的知识和经验确定最优指标（即最重要指标）c_B 和最劣指标（最不重要指标）c_W。

步骤 3：将最优指标与各指标进行两两模糊偏好比较

决策者对最优指标和评估指标体系中各指标的重要程度进行两两对比，根据表 1–15 给出语言评价等级，进而可将其转化为三角模糊数，从而可构建模糊最优比较向量 $\tilde{A}_B$：

$$\tilde{A}_B = \left(\tilde{a}_{B1}, \tilde{a}_{B2}, \cdots, \tilde{a}_{Bn}\right) \tag{1-2}$$

式中：$\tilde{a}_{Bj}$ 为最优指标 c_B 与指标 j 的重要程度比较结果，$j = 1, 2, \cdots, n$；$\tilde{a}_{BB} = (1,1,1)$。

步骤 4：将各指标与最劣指标进行两两模糊偏好比较

决策者对评估指标体系中各指标与最劣指标的重要程度进行两两对比，根据表 1–15 给出语言评价等级，从而可构建模糊最劣比较向量 $\tilde{A}_W$：

$$\tilde{A}_W = \left(\tilde{a}_{1W}, \tilde{a}_{2W}, \cdots, \tilde{a}_{nW}\right) \tag{1-3}$$

式中：$\tilde{a}_{iW}$ 为指标 i 与最劣指标 c_W 的重要程度比较结果，$i=1,2,\cdots,n$；$\tilde{a}_{WW}=(1,1,1)$。

步骤 5：确定各指标最优模糊权重值 $\left(\tilde{w}_1^*,\tilde{w}_2^*,\cdots,\tilde{w}_n^*\right)$

最优指标的最优模糊权重 $\tilde{w}_B$ 与各指标的最优模糊权重 $\tilde{w}_j$ 之比应与模糊最优比较向量 $\tilde{A}_B$ 尽可能保持一致，各指标的最优模糊权重 $\tilde{w}_j$ 与最劣指标的最优模糊权重 $\tilde{w}_W$ 应与模糊最劣比较向量 $\tilde{A}_W$ 尽可能保持一致。根据此原则，可构建含约束条件的 min-max 问题，如式（1-4）所示：

$$\min\max_j\left\{\left|\frac{\tilde{w}_B}{\tilde{w}_j}-\tilde{a}_{Bj}\right|,\left|\frac{\tilde{w}_j}{\tilde{w}_W}-\tilde{a}_{jW}\right|\right\}$$

$$s.t.\quad\begin{cases}\sum_{j=1}^{n}R\left(\tilde{w}_j\right)=1\\ l_j^w\leqslant m_j^w\leqslant u_j^w\\ l_j^w\geqslant 0\\ j=1,2,\cdots,n\end{cases}\qquad（1-4）$$

式中：$\tilde{w}_B=\left(l_B^w,m_B^w,u_B^w\right)$，$\tilde{w}_j=\left(l_j^w,m_j^w,u_j^w\right)$，$\tilde{w}_W=\left(l_W^w,m_W^w,u_W^w\right)$，$\tilde{a}_{Bj}=\left(l_{Bj},m_{Bj},u_{Bj}\right)$，$\tilde{a}_{jW}=\left(l_{jW},m_{jW},u_{jW}\right)$；$R\left(\tilde{w}_j\right)$ 为将指标 j 的模糊权重值转化为精确值，其可通过式（1-5）计算得出。

$$R\left(\tilde{w}_j\right)=\frac{l_j^w+4m_j^w+u_j^w}{6}\qquad（1-5）$$

式（1-5）可转化为非线性约束最优问题，如式（1-6）所示：

$$
\min \quad \tilde{\xi}
$$

$$
s.t.\begin{cases}
\left|\dfrac{\tilde{w}_B}{\tilde{w}_j}-\tilde{a}_{Bj}\right| \leqslant \tilde{\xi} \\
\left|\dfrac{\tilde{w}_j}{\tilde{w}_W}-\tilde{a}_{jW}\right| \leqslant \tilde{\xi} \\
\sum_{j=1}^{n} R\left(\tilde{w}_j\right)=1 \\
l_j^w \leqslant m_j^w \leqslant u_j^w \\
l_j^w \geqslant 0 \\
j=1,2,\cdots,n
\end{cases} \tag{1-6}
$$

式中：$\tilde{\xi}=\left(l^{\xi}, m^{\xi}, u^{\xi}\right)$。

由于 $l^{\xi} \leq m^{\xi} \leq u^{\xi}$，令 $\tilde{\xi}^{*}=\left(k^{*}, k^{*}, k^{*}\right)$，$k^{*} \leq l^{\xi}$，进而可将式（1–6）转化为：

$$
\min \quad \tilde{\xi}^{*}
$$

$$
s.t.\begin{cases}
\left|\dfrac{\left(l_B^w, m_B^w, u_B^w\right)}{\left(l_j^w, m_j^w, u_j^w\right)}-\left(l_{Bj}, m_{Bj}, u_{Bj}\right)\right| \leqslant\left(k^{*}, k^{*}, k^{*}\right) \\
\left|\dfrac{\left(l_j^w, m_j^w, u_j^w\right)}{\left(l_W^w, m_W^w, u_W^w\right)}-\left(l_{jW}, m_{jW}, u_{jW}\right)\right| \leqslant\left(k^{*}, k^{*}, k^{*}\right) \\
\sum_{j=1}^{n} R\left(\tilde{w}_j\right)=1 \\
l_j^w \leqslant m_j^w \leqslant u_j^w \\
l_j^w \geqslant 0 \\
j=1,2,\cdots,n
\end{cases} \tag{1-7}
$$

通过求解式（1–7），可得到各评估指标的最优模糊权重值，即为各评估指标的最终模糊权重 $\tilde{w}_1^{*}, \tilde{w}_2^{*}, \cdots, \tilde{w}_n^{*}$。

在运用模糊最优最劣方法确定指标权重时，需要对两两指标模糊对比的一致性进行检验，通常采用一致性指标CR进行判断，具体计算如式（1–8）所示：

$$CR = \frac{R\left(\tilde{\xi}^*\right)}{CI} \tag{1-8}$$

式中：$R\left(\tilde{\xi}^*\right)$ 为 $\tilde{\xi}^*$ 的精确值；CI 为一致性指数，可根据 $\tilde{a}_{BW}$ 的不同取值和表 1–16 进行确定。

表 1–16　一致性指数 CI

语言变量	同等重要（EI）	稍微重要（WI）	一般重要（FI）	很重要（VI）	非常重要（AI）
$\tilde{a}_{BW}$	（1，1，1）	（2/3，1，3/2）	（3/2，2，5/2）	（5/2，3，7/2）	（7/2，4，9/2）
CI	3.00	3.80	5.29	6.69	8.04

（2）模糊 TOPSIS 法

模糊 TOPSIS 方法能够有效解决模糊环境下的多属性决策问题，其将模糊集理论与传统 TOPSIS 方法相结合，运用三角模糊数表征决策矩阵，弥补了传统 TOPSIS 方法的不足。模糊 TOPSIS 方法的具体建模计算步骤如下。

步骤 1：计算评价指标得分的综合模糊语言等级

假设有m个备选方案 $A=\{A_1,A_2,\cdots A_m\}$ 和n个基于语言变量表示的评价指标。

令 $\tilde{a}_{ikj}=\left(a_{ikj}^L,a_{ikj}^M,a_{ikj}^R\right)$，$0\le a_{ikj}^L\le a_{ikj}^M\le a_{ikj}^R\le 1$，$i=1,2,\cdots,m$，$k=1,2,\cdots,n$，$j=1,2,\cdots,r$ 为专家 D_j 对备选方案 A_i 有关评价指标 C_k 得分所给出的优势语言等级。进而，备选方案 A_i 的评价指标 C_k 得分的综合模糊语言等级可由式（1–9）计算得出：

$$\tilde{a}_{ik}=\left(1/r\right)\otimes\left(\tilde{a}_{ik1}\oplus\cdots\oplus\tilde{a}_{ikj}\oplus\cdots\oplus\tilde{a}_{ikr}\right) \tag{1-9}$$

式中：$a_{ik}^L=\sum_{j=1}^{r}\frac{a_{ikj}^L}{r}$，$a_{ik}^M=\sum_{j=1}^{r}\frac{a_{ikj}^M}{r}$，$a_{ik}^R=\sum_{j=1}^{r}\frac{a_{ikj}^R}{r}$。

步骤 2：计算评价指标的综合模糊权重

令 $\tilde{s}_{kj}=\left(s_{kj}^L,s_{kj}^M,s_{kj}^R\right)$，$0\le s_{kj}^L\le s_{kj}^M\le s_{kj}^R\le 1$，$k=1,2,\cdots,p,\cdots,n$，$j=1,2,\cdots,r$ 为专家 D_j 对评价指标 C_k 权重给出的优势语言评级。进而，评价指标的综合模

糊权重 $\tilde{s}_k=\left(s_k^L,s_k^M,s_k^R\right)$ 可由式（1–10）计算得出：

$$\tilde{s}_k=(1/r)\otimes\left(\tilde{s}_{k1}\oplus\cdots\oplus\tilde{s}_{kj}\oplus\cdots\oplus\tilde{s}_{kr}\right) \tag{1–10}$$

式中：$s_k^L=\sum_{j=1}^{r}\frac{s_{kj}^L}{r}$，$s_k^M=\sum_{j=1}^{r}\frac{s_{kj}^M}{r}$，$s_k^R=\sum_{j=1}^{r}\frac{s_{kj}^R}{r}$。

步骤 3：构建初始模糊决策矩阵

根据式（1–11），可得到初始模糊决策矩阵 A。

$$A=\left(\tilde{a}_{ik}\right)_{m\times n}=\begin{bmatrix}\tilde{a}_{11} & \tilde{a}_{12} & \cdots & \tilde{a}_{1n}\\ \tilde{a}_{21} & \tilde{a}_{22} & \cdots & \tilde{a}_{2n}\\ \vdots & \vdots & \vdots & \vdots\\ \tilde{a}_{m1} & \tilde{a}_{m2} & \cdots & \tilde{a}_{mn}\end{bmatrix}$$

$$=\begin{bmatrix}\left(a_{11}^L,a_{11}^M,a_{11}^R\right) & \left(a_{12}^L,a_{12}^M,a_{12}^R\right) & \cdots & \left(a_{1n}^L,a_{1n}^M,a_{1n}^R\right)\\ \left(a_{21}^L,a_{21}^M,a_{21}^R\right) & \left(a_{22}^L,a_{22}^M,a_{22}^R\right) & \cdots & \left(a_{2n}^L,a_{2n}^M,a_{2n}^R\right)\\ \vdots & \vdots & \vdots & \vdots\\ \left(a_{m1}^L,a_{m1}^M,a_{m1}^R\right) & \left(a_{m2}^L,a_{m2}^M,a_{m2}^R\right) & \cdots & \left(a_{mn}^L,a_{mn}^M,a_{mn}^R\right)\end{bmatrix} \tag{1–11}$$

步骤 4：构建标准化模糊决策矩阵

考虑到评价指标具有不同的属性（极大型指标或是极小型指标），在进行评价前，需要对评价指标进行标准化处理。极大型指标和极小型指标的标准化处理如式（1–12）和（1–13）所示。

$$\tilde{b}_{ik}=\left(\frac{a_{ik}^L}{\max\limits_i\left\{a_{ik}^R\right\}},\frac{a_{ik}^M}{\max\limits_i\left\{a_{ik}^R\right\}},\frac{a_{ik}^R}{\max\limits_i\left\{a_{ik}^R\right\}}\right) \tag{1–12}$$

$$\tilde{b}_{ik}=\left(\frac{\min\limits_i\left\{a_{ik}^L\right\}}{a_{ik}^R},\frac{\min\limits_i\left\{a_{ik}^L\right\}}{a_{ik}^M},\frac{\min\limits_i\left\{a_{ik}^L\right\}}{a_{ik}^L},\right) \tag{1–13}$$

进而，可得到标准化模糊决策矩阵 B。

$$B=\left(\tilde{b}_{ik}\right)_{m\times n}=\begin{bmatrix}\tilde{b}_{11} & \tilde{b}_{12} & \cdots & \tilde{b}_{1n}\\ \tilde{b}_{21} & \tilde{b}_{22} & \cdots & \tilde{b}_{2n}\\ \vdots & \vdots & \vdots & \vdots\\ \tilde{b}_{m1} & \tilde{b}_{m2} & \cdots & \tilde{b}_{mn}\end{bmatrix}$$

$$=\begin{bmatrix}\left(b_{11}^{L},b_{11}^{M},b_{11}^{R}\right) & \left(b_{12}^{L},b_{12}^{M},b_{12}^{R}\right) & \cdots & \left(b_{1n}^{L},b_{1n}^{M},b_{1n}^{R}\right)\\ \left(b_{21}^{L},b_{21}^{M},b_{21}^{R}\right) & \left(b_{22}^{L},b_{22}^{M},b_{22}^{R}\right) & \cdots & \left(b_{2n}^{L},b_{2n}^{M},b_{2n}^{R}\right)\\ \vdots & \vdots & \vdots & \vdots\\ \left(b_{m1}^{L},b_{m1}^{M},b_{m1}^{R}\right) & \left(b_{m2}^{L},b_{m2}^{M},b_{m2}^{R}\right) & \cdots & \left(b_{mn}^{L},b_{mn}^{M},b_{mn}^{R}\right)\end{bmatrix} \tag{1-14}$$

步骤 5：构建加权标准化模糊决策矩阵

加权标准化模糊决策矩阵 C 由标准化模糊决策矩阵 B 和指标权重向量 $\tilde{s}_k$ 相乘计算得出，即

$$C=\left(c_{ik}\right)_{m\times n}=\begin{bmatrix}\tilde{s}_1\otimes\tilde{b}_{11} & \tilde{s}_2\otimes\tilde{b}_{12} & \cdots & \tilde{s}_n\otimes\tilde{b}_{1n}\\ \tilde{s}_1\otimes\tilde{b}_{21} & \tilde{s}_2\otimes\tilde{b}_{22} & \cdots & \tilde{s}_n\otimes\tilde{b}_{2n}\\ \vdots & \vdots & \vdots & \vdots\\ \tilde{s}_1\otimes\tilde{b}_{m1} & \tilde{s}_2\otimes\tilde{b}_{m2} & \cdots & \tilde{s}_n\otimes\tilde{b}_{mn}\end{bmatrix}$$

$$=\begin{bmatrix}\left(s_1^{L}b_{11}^{L},s_1^{M}b_{11}^{M},s_1^{R}b_{11}^{R}\right) & \left(s_2^{L}b_{12}^{L},s_2^{M}b_{12}^{M},s_2^{R}b_{12}^{R}\right) & \cdots & \left(s_n^{L}b_{1n}^{L},s_n^{M}b_{1n}^{M},s_n^{R}b_{1n}^{R}\right)\\ \left(s_1^{L}b_{21}^{L},s_1^{M}b_{21}^{M},s_1^{R}b_{21}^{R}\right) & \left(s_2^{L}b_{22}^{L},s_2^{M}b_{22}^{M},s_2^{R}b_{22}^{R}\right) & \cdots & \left(s_n^{L}b_{2n}^{L},s_n^{M}b_{2n}^{M},s_n^{R}b_{2n}^{R}\right)\\ \vdots & \vdots & \vdots & \\ \left(s_1^{L}b_{m1}^{L},s_1^{M}b_{m1}^{M}s_1^{R}b_{m1}^{R}\right) & \left(s_2^{L}b_{m2}^{L},s_2^{M}b_{m2}^{M}s_2^{R}b_{m2}^{R}\right) & \cdots & \left(s_n^{L}b_{mn}^{L},s_n^{M}b_{mn}^{M},s_n^{R}b_{mn}^{R}\right)\end{bmatrix} \tag{1-15}$$

步骤 6：计算模糊正理想解和模糊负理想解

模糊正理想解 C^+ 和模糊负理想解 C^- 可由式（1–16）计算得出。

$$\begin{cases}C^{+}=\left(\tilde{c}_k^{+}\right)=\left\{\left(\max\limits_i c_{ik}\,\middle|\,j\in J_1\right),\left(\min\limits_i c_{ik}\,\middle|\,j\in J_2\right)\right\}\\ C^{-}=\left(\tilde{c}_k^{-}\right)=\left\{\left(\min\limits_i c_{ik}\,\middle|\,j\in J_1\right),\left(\max\limits_i c_{ik}\,\middle|\,j\in J_2\right)\right\}\end{cases} \tag{1-16}$$

式中：$\max\limits_{i} c_{ik} = \left(\max\limits_{i} s_k^L b_{ik}^L, \max\limits_{i} s_k^M b_{ik}^M, \max\limits_{i} s_k^R b_{ik}^R\right)$；

$\min\limits_{i} c_{ik} = \left(\min\limits_{i} s_k^L b_{ik}^L, \min\limits_{i} s_k^M b_{ik}^M, \min\limits_{i} s_k^R b_{ik}^R\right)$；

$\tilde{c}_k^+ = \left(c_k^{+L}, c_k^{+M}, c_k^{+R}\right)$；$\tilde{c}_k^- = \left(c_k^{-L}, c_k^{-M}, c_k^{-R}\right)$；$i = 1,2,\cdots,m; k = 1,2,\cdots,n$，

J_1 和 J_2 分别为极大型指标集和极小型指标集。

步骤 7：计算备选方案距离模糊正、负理想解的距离

计算两个三角模糊数之间距离的方法有多种。几何距离方法具有逻辑清晰、容易操作等优点，因此，本项目采用此种方法计算三角模糊数之间的距离，具体如式（1–17）所示。

$$d\left(\tilde{a}_i, \tilde{a}_j\right) = \left\{\left[\left(a_i^L - a_j^L\right)^2 + 2\left(a_i^M - a_j^M\right)^2 + \left(a_i^R - a_j^R\right)^2\right] / 4\right\}^{1/2} \quad (1\text{–}17)$$

因此，备选方案 i 距离正、负理想解之间的距离 $\left(d_i^+, d_i^-\right)$ 可分别由式（1–18）、（1–19）计算得出：

$$d_i^+ = \left\{\sum_{k=1}^{n}\left\{\left\{\left[\left(c_{ik}^L - c_k^{+L}\right)^2 + 2\left(c_{ik}^{MM} c_k^{+M}\right)^2 + \left(c_{ik}^R - c_k^{+R}\right)^2\right] / 4\right\}^{1/2}\right\}^2\right\}^{1/2} \quad (1\text{–}18)$$

$$d_i^- = \left\{\sum_{k=1}^{n}\left\{\left\{\left[\left(c_{ik}^L - c_k^{-L}\right)^2 + 2\left(c_{ik}^M - c_k^{-M}\right)^2 + \left(c_{ik}^R - c_k^{-R}\right)^2\right] / 4\right\}^{1/2}\right\}^2\right\}^{1/2} \quad (1\text{–}19)$$

步骤 8：计算备选方案的贴近度

备选方案的贴近度可由式（1–20）计算得出：

$$CC_i = \frac{d_i^-}{d_i^+ + d_i^-}, 0 \leqslant CC_i \leqslant 1 \quad (1\text{–}20)$$

步骤 9：决策

基于上述计算，贴近度最大的储能为综合性最优的储能。

运用 FBWM 和模糊 TOPSIS 方法对多类储能进行综合性评价的具体流程如图 1–17 所示。

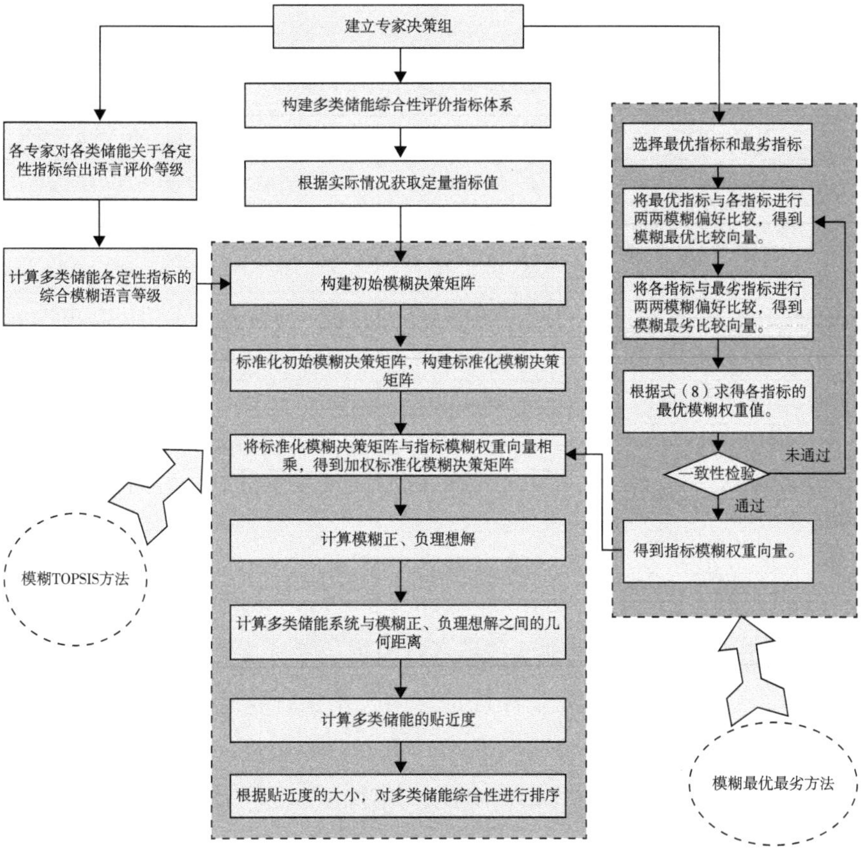

图 1–17　多类储能综合性评价模型流程图

1.3.4 多类储能综合性实证评价与分析

对抽水蓄能、压缩空气储能、铅酸电池和锂离子电池等四类储能系统的综合性进行评估。通过运用 FBWM 和模糊 TOPSIS 方法，对这四类储能类型在经济、社会、环境和技术等方面的综合性进行评价。

（1）指标数据的来源及预处理

多类储能综合性评价指标体系包括经济性、社会性、环境性和技术性等四个维度，共计 10 个指标 C1~C10，其中 C5 和 C7 为定性指标，取值需要专家组根据知识和经验给出，其余 8 个指标为定量指标，其取值根据实际情况可以获取。在确定各定性指标和定量指标取值之后，为避免各指标量级和属性对多类储能综合性评价结果的影响，需要先对各指标实际值进行归一化处理，结果如

表 1–17 所示。

表 1–17　多类储能综合性评价各指标归一化结果

指标	抽水蓄能	压缩空气储能	铅酸电池	锂离子电池
C1	（0.08，0.12，0.16）	（0.02，0.08，0.14）	（0.42，0.47，0.53）	（0.79，0.89，1）
C2	（0.08，0.17，0.25）	（0.08，0.25，0.42）	（0.17，0.38，0.58）	（0.42，0.71，1）
C3	（0.89，0.94，1）	（0.76，0.78，0.8）	（0.11，0.22，0.33）	（0.31，0.33，0.36）
C4	（0.24，0.62，1）	（0.07，0.09，0.10）	（0.10，0.24，0.38）	（0.03，0.07，0.10）
C5	（0.3，0.5，0.7）	（0，0.2，0.4）	（0.6，0.8，1）	（0.6，0.8，1）
C6	（0.06，0.09，0.12）	（0.04，0.04，0.04）	（0.04，0.52，1）	（0.15，0.27，0.38）
C7	（0.6，0.8，1）	（0.3，0.5，0.7）	（0，0.2，0.4）	（0，0.2，0.4）
C8	（0.78，0.83，0.89）	（0.72，0.75，0.78）	（0.78，0.89，1）	（0.89，0.94，1）
C9	（0.10，0.15，0.20）	（0.07，0.08，0.08）	（0.11，0.56，1）	（0.34，0.46，0.59）
C10	（0.001，0.003，0.004）	（0.018，0.018，0.018）	（0.14，0.23，0.31）	（0.51，0.76，1）

（2）基于 FBWM 的优选评估指标进行模糊权重计算

首先，专家决策者从 10 个评价指标中选出最优指标和最劣指标，分别为 CO_2 排放强度（C6）和能源强度（C9）。进而，专家决策组对最优指标、最劣指标和各指标的重要程度进行两两对比，给出语言评价等级，具体如表 1–18、表 1–19 所示。

表 1–18　最优指标 C6 与各指标重要程度对比结果

指标	C1	C2	C3	C4	C5	C6	C7	C8	C9	C10
C6	FI	AI	VI	FI	FI	EI	WI	WI	AI	FI

表 1–19　各指标与最劣指标 C9 重要程度对比结果

指标	C9
C1	FI
C2	WI
C3	WI
C4	FI
C5	FI
C6	AI

续表

指标	C9
C7	AI
C8	VI
C9	EI
C10	FI

进而，可得到模糊最优比较向量为：

$$\tilde{A}_B=\begin{pmatrix}(3/2,2,5/2),(7/2,4,9/2),(5/2,3,7/2),(3/2,2,5/2),(3/2,2,5/2),\\(1,1,1),(2/3,1,3/2),(2/3,1,3/2),(7/2,4,9/2),(3/2,2,5/2)\end{pmatrix}。$$

模糊最劣比较向量为：

$$\tilde{A}_W=\begin{pmatrix}(3/2,2,5/2),(2/3,1,3/2),(2/3,1,3/2),(3/2,2,5/2),(3/2,2,5/2),\\(7/2,4,9/2),(7/2,4,9/2),(5/2,3,7/2),(1,1,1),(3/2,2,5/2)\end{pmatrix}。$$

可计算得出各指标模糊权重值：

$$\tilde{W}=\begin{pmatrix}(0.0904,0.0904,0.1144),(0.0410,0.0412,0.0558),(0.0517,0.0536,0.0814),\\(0.0794,0.0794,0.1030),(0.0904,0.0904,0.1030),(0.1777,0.1777,0.1974),\\(0.1668,0.1738,0.1974),(0.1144,0.1349,0.1801),(0.0472,0.0472,0.0524),\\(0.0701,0.0794,0.1144)\end{pmatrix}。$$

同时，可得到 $\tilde{\xi}=0.3168$，进而可计算得到一致性指标 CR=0.0394，小于 0.1，表明通过了一致性检验，得到的多类储能综合性评价指标的模糊权重是可信的。

（3）四类储能系统综合性评价计算

根据上文可得标准化模糊决策矩阵，进而结合各指标模糊权重值，可计算得到加权标准化模糊决策矩阵为：

$$C=\begin{bmatrix}(0.0074,0.0111,0.0187) & (0.0021,0.0072,0.0156) & (0.0381,0.0428,0.0602) & (0.0714,0.0809,0.1144)\\(0.0034,0.0069,0.0140) & (0.0034,0.0103,0.0233) & (0.0068,0.0154,0.0326) & (0.0171,0.0292,0.0558)\\\vdots & \vdots & \vdots & \vdots\\(0.0001,0.0002,0.0004) & (0.0013,0.0014,0.0020) & (0.0100,0.0179,0.0351) & (0.0360,0.0601,0.1144)\end{bmatrix}$$

进而，可得到模糊正理想解 C^+ 和模糊负理想解 C^- 分别为：

$$\begin{cases} C^{+}=\left(\left(0.0021,0.0072,0.0156\right),\left(0.0034,0.0069,0.0140\right),\cdots,\left(0.0360,0.0601,0.1144\right)\right) \\ C^{-}=\left(\left(0.0714,0.0809,0.1144\right),\left(0.0171,0.0292,0.0558\right),\cdots,\left(0.0001,0.0002,0.0004\right)\right) \end{cases}$$

四类储能与模糊正、负理想解的距离如图 1–18 所示。

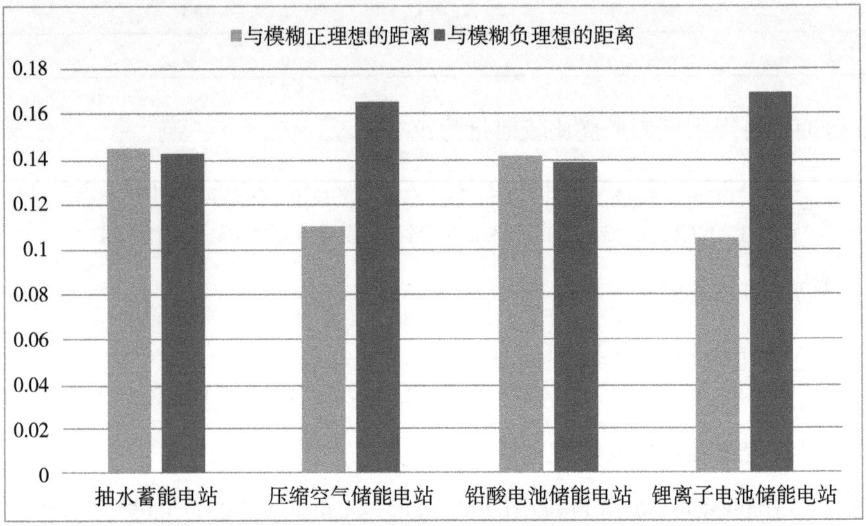

图 1–18　多类储能与正、负理想解的距离

进而，可计算得出抽水蓄能、压缩空气储能、铅酸电池和锂离子电池这四类储能综合性的贴近度分别为 0.4954，0.5999，0.4962，0.6187。因此，锂离子电池的综合性是最优的。

尽管锂离子电池的经济性较差，但其社会性、环境性和技术性相对较好，且环境性和技术性指标的模糊权重相对较大。因此，综合来看，锂离子电池的综合性是最优的，发展及应用前景广阔。

第四节　储能投资成本回收机制及电价设计相关国际经验

1.4.1 储能投资成本回收机制相关国际经验

1. 储能常见商业模式

（1）以租代售模式

储能项目开发商将储能系统租赁给用户，用于降低高峰电费和需量电费、提供备用电源。租赁期可以根据目标用户或产品应用灵活设定，用户每月支付租金，涵盖设备使用费、运维费用、软件费用、安装成本、税费等。储能项目开发商利用第三方资金建设储能系统，运行租赁产生的稳定现金流作为开发商的融资基础。针对用户每月交付的租赁费，大多是固定的数额。租赁费以项目投资成本为基础进行核算，而租赁费与用户电费账单节省量之差很大程度上又决定了客户是否有兴趣租赁储能设备。以 Stem 公司与用户签订的储能租赁合同为例，有时用户节省的电费是向 Stem 支付的租赁费用的 2 倍，有时则是 3 倍或 4 倍，这取决于用户每个月实际的负荷削减。根据 Stem 的估算，除非用户节省的电费数额达到其向 Stem 交付费用的 2 倍以上，否则很难吸引客户安装。“以租代售”是目前分布式储能领域应用范围最广的投资运营模式。美国的 Stem 公司、Green Charge Networks 公司、德国的 Entega 公司等利用该模式为用户提供储能服务。

（2）共享节省电费收益模式

该模式指的是储能项目开发商和业主之间分享储能收益的策略。这种模式与租赁模式既有类似也有不同。比如两种模式都需要用户按照节省收益的一定比例或一定数额向储能资产所有者进行支付。通常租赁费是基于开发商的固定投资成本进行测算的，多为固定数额，而共享收益模式则通常按照收益的比例进行分成，这个数额根据每月的电费节省数额而变动。共享节省电费收益模式在家庭用户中比较少见，主要以工商业用户为主。除此之外，从目前两种模式开展的实际情况来看，共享收益模式单独应用时，合同期限一般较长，在 10 年及以上。同时，共享收益模式常常和虚拟电厂模式、社区储能模式等结合使用。而租赁模式的合同期呈现短期化趋势，如 Younicos 最初提供的租赁合同期最短为 2 ~ 4 年，但是从 2019 年起可以接受月租形式。用户只需支付租金，以及部署和拆卸费用，但不会有其他额外费用或风险。

（3）虚拟电厂模式

公用事业或第三方公司通过一个中央控制室将居民、商业用户、工业用户拥有的，与智能电网相连的储能系统集合起来，通过分析、控制并优化储能系统运行，参与电网服务获取应用收益。“虚拟电厂”模式正是储能追求多重应用价值的产物。经过统一调度和管理的分布式储能系统不仅可以参与电力市场通过调频、备用容量等应用获取收益，而且对于输配电系统可以发挥电压支持、延缓输配电扩容升级、需求响应等方面的应用价值。根据 GTM Research 的预测，全球虚拟电厂每年的收益从2016年的15亿美元将增加到2023年的53亿美元。目前，国际市场中英国Moixa、美国Stem、德国Sonnen公司等都在利用该模式为用户开拓储能项目收益渠道，中国国内市场以国家电网和南网公司为代表也开始通过搭建项目接入平台，布局虚拟电厂业务。

在虚拟电厂模式中，能够将储能系统聚合起来进行分析、优化控制的软件（有的称为"云平台"或"中央控制室"）非常关键。软件需要按照一定的时间周期从建筑负荷中获得数据（Stem的Al软件Athena是每秒读取），并从市场中获得价格信息，同时收集小时级的天气信息。针对每一个建筑、每个市场、每个电费的信息，软件都需要进行实时管理。当公用事业要求实行需求响应时，软件能够找到优化点，帮助用户节省更多的钱。

（4）社区储能模式

社区储能模式的一个典型案例是德国Sonnen Batterrie公司于2015年推出的Sonnen Community计划。根据该计划，其会员/用户将光伏电力存入电池储能，存储的电力被用于自消纳，社区用户之间的电力交易，以及提供电网服务。电力用户只需支付一笔固定费用（低于从电网购电的电费）即可。这种模式的潜在热点区域是德国、美国和澳大利亚。澳大利亚自2016年年底起已经开始在WhiteGumValle项目中试验这种模式。在这个时期，美国也开始在部分社区推广这类模式。

另外，社区储能模式中，除了将区域中的多点储能聚合起来进行交易，还有一种方式是将许多安装了光伏的电力产消者与一个独立的大型中央电池系统相连进行电力交易。2016年澳大利亚的Perth，AlkimosBeach启动了一个类似模式的社区试验，100个屋顶光伏与11MWh锂离子电池相连，光伏开发商Synergy运维该系统。2015年，MVVStrombank项目开始示范社区储能模式，利用一个大型电池储能系统进行社区电力交易。

（5）其他衍生模式或混合模式

事实上，储能市场中还有很多上述模式的衍生或混合模式。比较常见的混合模式是运行租赁模式/共享节省电费收益模式与虚拟电厂模式的混合。如，美国StemInc公司分别于2017年6月和8月将其开展租赁模式的储能项目聚合起来构建虚拟电厂，参与现货市场交易并响应调度。针对衍生模式，目前比较常见的是将售电和储能相结合，为用户提供能源服务。如德国公司SENEC利用储能和智能管理系统，通过开发一系列能源服务套餐，为用户提供附加值较高的能源服务，为国际上的其他储能设备供应商或能源服务商提供了示范样本。

2. 国外储能成本回收机制

（1）美国：政策补贴 + 市场化需求双重驱动成本回收

截至 2018 年年底，美国储能总并网量达 23GW（含抽水蓄能），其中电化学储能并网量达 1GW，占比 4.3%。美国储能分为三类：户用储能、非户用储能（工商业）和电表前储能（发电和输配电侧），其中电表前储能占比较高，户用储能整体呈稳定增长趋势。

联邦层面，主要激励政策为投资税抵免（ITC）和加速折旧（MACRS）。与光伏类似，美国储能系统的激励政策包括投资税抵免（ITC）和加速折旧（MACRS），主要针对私营单位投资的储能系统。MACRS 允许储能项目按 5~7 年的折旧期加速折旧。ITC 政策最初针对光伏，2016 年 ESA 向美国参议院提交 S3159 号提案，明确储能技术都可以申请 ITC，针对配套可再生能源充电比例 75% 以上的储能系统，按充电比例给予 30% 的投资税抵免，例如储能系统 80% 由可再生能源充电，则可以享受相当于系统成本 24%（30% × 80%）的税收抵免。独立储能 ITC 政策有望出台。当前，美国业界正在促使美国政府出台针对储能的投资税抵免政策（ITC）。据 Wood Mackenzie 预计，如果独立的储能 ITC 政策出台，到 2024 年每年储能新增装机量将达到 5.1GW，较基准预测值 4.8GW 增加 300MW/ 年。

多个州出台储能激励政策，以加利福尼亚州最为突出。除联邦政策外，各州也针对储能出台了相应的激励政策，其中以加利福尼亚州最为突出。加利福尼亚州公用事业委员会（CPUC）自 2001 年开始启动自发电激励计划（Self-Generation Incentive Program，SGIP），鼓励多种分布式能源，如光伏、风电等。自 2011 年起，储能被纳入 SGIP 计划支持范围，可获得 2 美元 /W 的补贴。此后，尽管 SGIP 政策经历了多次调整和修改，但对于推动加利福尼亚州分布式储能的发展，依然发挥了重要作用。此外，加利福尼亚州还通过制定政策，引导公用事业公司（IOU）部署储能项目。2013 年，加利福尼亚州公用事业委员会（CPUC）设置了储能采购框架，为加利福尼亚州三大 IOU 设定了到 2020 年部署 1.3GW 储能的目标。2016年，又在 1.3GW 目标基础上增加了 500MW 至 1.8GW。

高电价导致户用“光伏 + 储能”性价比突出。美国居民电价显著高于工商业电价，非本土地区如阿拉斯加和夏威夷电价分别高达 23.56 和 31.16 美分 / kWh。高电价地区的居民部署户用“光伏 + 储能”系统，可以有效降低用电成本。特斯拉和 Sunrun 等美国本土企业均推出了家用储能系统。

（2）欧洲：市场化推动成本回收

欧洲同样是储能发展的热土，以英国、德国、法国、意大利为代表的储能市场，发展较为完善，市场化动力充足。

英国：市场机制完善，储能充分参与各类辅助服务。在过去两年里，英国储能市场发展较快，连续两年位居欧洲储能新增规模首位。2018 年英国储能装机超过 500MW。英国电力市场的机制较为完善，储能可以充分参与各类辅助服务。除了参与政府的储能采购计划，还有峰谷价差和 Triad（冬季调峰）等收益，部分电站的收益来源甚至高达十几种。

德国：户用储能市场发展成熟。德国是全球最成熟的户用储能市场，而户用储能是德国储能市场的主要构成部分，据 CNESA 预计，到 2021 年户用储能将接近德国储能总规模的 50%。德国户用储能市场发展成熟的主要原因包括居民电价较高和政府补贴。德国复兴发展银行通过 KfW275 计划，为光伏用户配套储能提供补贴，推动德国居民自发自用，降低电费负担。截至 2018 年年底，德国户用储能累计装机超过 12 万套，装机容量达到 444MW/882MWh。其中，KfW 补贴下的储能系统超过 3 万套，未补贴的超过 9 万套。

（3）澳大利亚：以家用与商用储能回收为主

户用储能渗透率较高。澳大利亚分布式光伏较多，且整体电价较高，居民有动力将白天多余的光伏电力存储起来，供晚间使用，以节省电力成本。

大型项目助推。2017 年 12 月，南澳大利亚州 100MW/129MWh 电池储能项目投运，是当时全球最大的储能项目 Hornsdale Power Reserve。该项目产品由特斯拉提供，运营商是法国 Neoen 公司，主要用于调频及新能源消纳。该项目的背景是南澳大利亚州的大停电事件。澳大利亚政府向全球招标大规模储能项目，以解决电力系统稳定问题。2019 年 11 月，Neoen 宣布将该储能项目扩容 50%。该项目主要通过调频和现货市场获取经济利益。

（4）日本：政府补贴与新能源消纳助推储能成本回收

政府补贴推动用户侧储能快速发展。2014 年，日本经济产业省（METI）出台针对储能的补贴政策（总预算 100 亿日元），针对装机 1kWh 以上的储能系统实施 2/3 的安装补贴（户用项目上限 100 万日元，商业项目上限 1 亿日元）。

新能源消纳压力带动储能刚需。日本国土面积狭小、能源对外依赖程度较高，福岛核电站事故后，日本大力推行补贴政策，鼓励新能源发展。新能源的快速发展，对日本电网构成一定冲击，也影响了新能源的消纳。另外，日本新能源发展较不平衡，北海道和东北地区风电较多，九州地区光伏较多，区域的不平衡进一步推升了对于储能的需求。一些地区电网收购要求光伏和风电项目必须配备储能以提升电网稳定性。北海道正在建设装机量 240MW/720MWh 的风电储能项目，项目建成后将成为世界最大的储能项目。

1.4.2 储能电价设计相关国际经验

目前国际上储能常见的电价设计形式包括单一容量电价、两部制电价、三部制电价等。

单一容量电价一般是按长期边际成本法计算发电企业的社会平均电价，以此为基点，允许企业在一定的范围内浮动，即以纯容量作为计价标的。

两部制电价则是由容量电价和电量电价两部分构成。容量电价根据边际成本和少量收益构成，对不同电能质量的电厂（机组）分类别（如基荷、腰荷）支付。对网内各机组容量成本进行加权平均，确定电网的平均年容量电价。

三部制电价是在两部制结构的基础上，再增加一项辅助服务电价项或其他项，构成“三部制”的电价结构。在这种构想的电价结构体系下，电价结构由三部分组成：容量电价、电量电价、辅助服务电价。对应的电站效益也将由三部分构成：容量效益、电量效益、辅助服务效益。

1. 单一容量制电价

美国东部的 PJM 电力市场采用费率形式分摊输电成本，并将电能交易分为直购电传输服务和电力池传输服务两大类。其中，直购电传输服务中的非固定直购电传输服务，按照约定的传输容量计算费率，根据用户所在地区的不同，传输服务费率不同；而多电源、多负荷的电力池传输服务与德州 ERCOT 市场一样，根据用户的高峰负荷份额计算输电成本费率，以此反映不同区域在用电高峰时期对电力网络的需求程度和输电阻塞情况。

英国输电价格采取单一制容量电价，通过峰荷责任法、按照电力用户在系统负荷高峰时段的最高用电负荷比例分摊输（配）电成本，容量一次性计算后按月收缴。输配电价中提供了位置和时间信号：通过“点费率”法，计算不同区域的输配电价，从而为用户提供明确的位置信号；同时，配电价格采取分时定价法，早晚价格不同、工作日与周末价格不同，为用户提供明确的时间信号，从而有效引导电力用户的用电行为。其输电费用和超高压配电费用由发电厂和电力用户双方承担。

2. 两部制电价

欧洲各国的输电价格普遍实行两部制，容量电费基于峰荷责任法分摊输电成本，以保证电网企业获得准许收入；电量电费只用于回收网损成本。即用户支付的输电费多少取决于用户在系统负荷高峰时段的用电负荷（或最大需量）和容量电价，与其在系统非高峰时段的用电负荷无关。因此，用户会尽可能地减少在系统负荷高峰时段的用电负荷，自愿削峰填谷；电网企业也能够在保障电力系统运行安全的同时，提高输配电资产利用效率，延缓电网投资，最终促进资源的优化配置。

澳大利亚国家电力市场涵盖了澳大利亚首都地区、新南威尔士、维多利亚等六个区域。监管机构采用最优重置成本法核定电网最大允许收入，进而增强电网公司投资的谨慎性。电网使用服务成本通过发电机组和用户支付的电网使用费回收。其中，发电机组负担的电网使用费采取协议方式；用户侧与位置相关部分的费用按使用程度分配，与位置无关的部分，基于合约最大容量等方式，分摊给各负荷节点。

3. 三部制电价

加拿大阿尔伯特省的跨省跨区输电价格结构采用了三部制，其电价由输送电量的网络使用费、增量线损费和固定的输电费三部分组成。

俄罗斯与芬兰的跨国联网工程输电价格由政府统一核定，包括了预定费用、容量费用和电网服务费用三部分。

综上，大多数发达国家应用了两部制定价方法，还有一些国家（地区）采用了三部制的定价方法，成本回收手段更加细致，确保输电公司基础收益的同时平抑输电收入的大幅度波动。

以上国际经验对于我国储能价格的借鉴意义在于有必要一方面保留现有的两部制价格形式，探索扩大两部制适用范围。储能还承担了安全备用、调峰调频等功能。建议在保留两部制的基础上，结合工程建设的功能定位和运行情况，分阶段、分区域、选择合适的专项工程开展试点，逐步推进，条件成熟时甚至可以采用“三部制”，细化成本回收手段，准确释放价格信号。并且结合两部制试点工程的功能定位和实际情况，分工程制定容量电费回收成本的比例；基于试点开展实际情况，逐步调整深化，确保机制合理性、监管高效性、交易激励性和投资有效性。

1.4.3 国际经验总结

在储能投资成本回收机制方面，国外常见的商业模式包括以租代售模式、共享节省电费收益模式、虚拟电厂模式、社区储能模式及上述模式的混合模式。

而储能成本回收机制方面，美国以政策侧补贴 + 市场化需求双重驱动其成本回收。欧洲则主要以市场化的方式，澳大利亚以家用和商用储能回收为主，日本则是通过政府补贴与新能源消纳双重模式推动其成本回收。

就电价设计层面而言，国际上常见的电价设计形式包括单一容量电价、两部制电价、三部制电价等。三种方式可以从不同层面反映储能成本及收益的性质。

第二章　新型储能投资成本测算研究

第一节　新型储能投资成本相关理论

针对新型储能的投资成本测算，涉及以下理论。

1. 全生命周期成本理论

全生命周期成本理论指产品在整个生命周期中所有支出费用的总和，包括原料的获取费用、产品的使用费用等，即是指企业生产成本与用户使用成本之和（见图 2-1）。生命周期成本法（Life Cycle Cost，LCC）源于 20 世纪 60 年代美国国防部对军工产品的成本计算。随着价值工程、成本企划等先进管理模式的诞生，生命周期成本法在成本管理中越来越多地被运用，它可以满足企业定价决策、新产品开发决策、战略成本管理、业绩评价等的需要。

生命周期成本法是一种计算发生在生命周期内的全部成本的方法，通常被理解为产品生产周期成本法，以此来量化产品生命周期内的所有成本。值得一提的是，企业生产体系设计的中心环节是系统地衡量产品、资产和劳动力等生产要素，并组合成一体化的功能单元。因此，对于资产和劳动力，同样可以采用生命周期成本法来分析其成本构成。

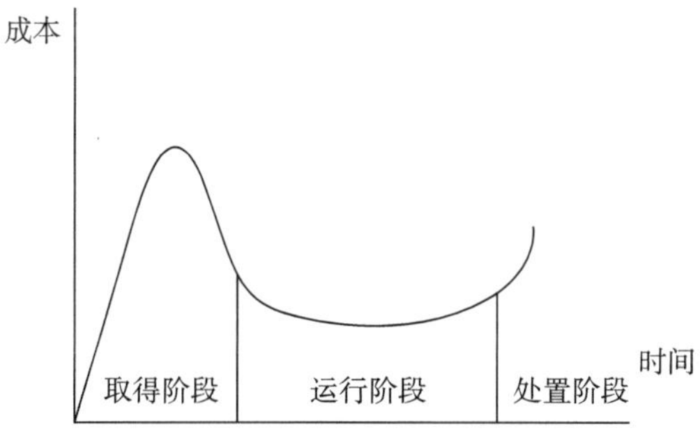

图 2-1　全生命周期成本理论

2. 平准化成本理论

平准化成本英文全称 Levelized Cost of Electricity（简称 LCOE），是国际上通用的评估不同区域、不同规模、不同投资额的不同发电技术成本的财务方法，并被推广到政策分析、学术建模等方面。LCOE 原理的本质是成本净现值和能量产出经济时间价值两者之间的比值，换句话说，LCOE 指的就是产出单位能量所需要耗费的成本。储能成本的平准化要求考虑储能的费用及生命周期，其中费用包括投资成本、运行成本及维护成本，有时还需考虑项目残值的效应；考虑生命周期则是指考虑储能在不同期间内的时间价值。这一评价方法相对有效地避免了 NPV 等方法难以在不同技术之间比较的问题，达成了各类储能技术乃至发电技术之间的可比。储能项目需要从全寿命周期成本的角度考虑针对总耗电量进行平准化处理，如式（2–1）所示。

$$\mathrm{LCOE}=\frac{\left[\mathrm{I}_0+\sum_{n=1}^{\mathrm{N}}\mathrm{O\&M}_n\right]}{\sum_{n=1}^{N}\mathrm{G}_n} \tag{2–1}$$

式中：I_0 表示初始投入，N 表示项目寿命，$O\&M_n$ 表示各年的运行维护费用，G_n 表示各年的电量。

根据美国国家可再生能源实验室发布的 LCOE 公式，通过计算项目运营生命周期成本及运营周期发电量，并将全运营周期成本及发电量按照固定贴现率进行平准化贴现，即可得到平准化电力成本计算公式。

3. 技术经济理论

技术经济理论是一门应用理论经济学基本原理，研究技术领域经济问题和经济规律，研究技术进步与经济增长之间的相互关系的科学，是研究技术领域内资源的最佳配置，寻找技术与经济的最佳结合以求可持续发展的科学。技术经济学的基本研究方法有系统综合，即采用系统分析、综合分析的研究方法和思维方法，对技术的研制、应用与发展进行估计；方案论证，即技术经济普遍采用的传统方法，主要是通过一套经济效果指标体系，对完成同一目标的不同技术方案的计算、分析、比较；效果分析是通过劳动成果与劳动消耗的对比分析，效益与费用的对比分析等方法，对技术方案的经济效果和社会效果进行评价，评价的原则是效果最大原则。技术经济分析、论证、评价的方法很多，最常见的有决定型分析评价法、经济型分析评价法、不确定型分析评价法、比较型分析评价法、系统分析法、价值分析法、可行性分析法等。

4. 学习曲线理论

学习曲线有广义和狭义之分。狭义的学习曲线又称为人员学习曲线，它是指直接作业人员个人的学习曲线。广义的学习曲线也称为生产进步函数，是指工业某一行业或某一产品在其产品寿命周期的学习曲线，是融合技术进步、管理水平提高等很多人努力的学习曲线（见图 2–2）。

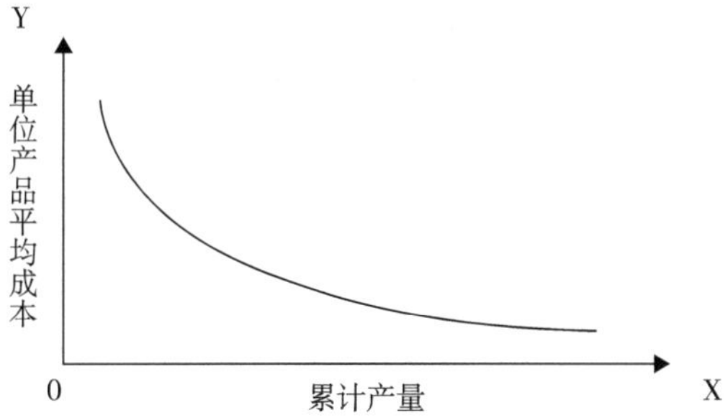

图 2–2　学习曲线理论

在本书中，全生命周期理论可用来分析新型储能在各个生命周期中的成本分布，可用于分析新型储能的成本构成；平准化成本理论可以将这些成本摊到新型储能对应的电量上，可用于计算平准化成本；技术经济理论是对新型储能成本的另一种度量，学习曲线则是反映了新型储能成本的长久下降趋势，可用于计算新型储能的成本及其下降趋势。

第二节　新型储能投资成本构成分析

2.2.1 新型储能系统建设成本

新型储能电站的系统建设成本，也被称为建设成本，是指单位容量的储能系统的成本。新型储能项目成本差异较大，主要受功率能量比、项目规模、项目复杂程度、配置冗余度及当地法规的影响。新型储能系统建设成本约占总成本的 83%。新型储能系统建设成本具体包括：

1. 电池成本主要包括电池材料成本、人工制造成本、环保成本等。根据彭博新能源财经提供的数据显示，2020 年磷酸铁锂电池成本占储能系统建设成本的 55%，经折算，约占总成本的比例为 50%。

2. 设备成本主要包括电池管理系统（BMS）、储能逆变器（PCS）、能量管理系统（EMS）、接入系统、测控系统和配电系统的采购成本。根据彭博新能源财经提供的数据显示，2020 年电池配套设备成本在储能系统建设成本中比例约为 22%，经折算，约占总成本的比例为 16%。

3. 施工成本主要包括建筑工程费、安装工程费和设计、监理、调试、生产准备等其他费用。施工成本在储能系统建设成本中比例约为 23%，经折算，约占总成本的比例为 17%。

新型储能电站的建设成本，也被称为系统成本，是指单位容量的新型储能系统的成本。主要由设备安装成本（含电池成本）和施工建造成本组成（未计及土地成本）。新型储能设备包括储能电池、电池管理系统、储能逆变器和配电系统等，这些设备的购置费用构成设备安装成本。施工建造成本主要包括建筑工程费、安装工程费和设备设施设计、调试等费用。

在有些实例中，在设备成本中电池成本所占比例较大，同时电池的运行维护和故障更换专业性较强，投资方为了降低一次性投资的财务负担及电池的运行维护难度，采取租赁方式，向电池生产厂家租赁电池，租期为 10 年；电池生产厂家在租赁期内负责日常运行维护和免费更换故障电池，投资方按年支付电池成本。

2.2.2 新型储能系统运维成本

运行维护成本是指为保障新型储能系统在寿命期内正常运行而动态投入的资金，新型储能电站的运维成本主要包括保障新型储能电站在服役期间正常运行所需的人工费、维护保养费以及部分储能器件的重置费用。调研显示，运维成本与新型储能系统成本的比值为 5.5%，经折算，约占总成本的比例为 5%。

在某些情况下，新型储能设备运行可能需要人工。在一定范围内，固定的人工成本与储存电量的大小没有关系，其费用总额具有不变性。可变的人工成本与存储使用的频率和持续时间成正比。在许多情况下，对于电池储能电站人工成本的核算主要根据储能设备及储存能力的大小而定，暂时没有明确的价值标准。

新型储能电站的运行维护成本是为了维持新型储能电站处于良好的待机状态所需要的费用。运维成本包括光伏电池板清洗费用、电站管理费用、检修费用等。不管使用多少存储，固定的维护成本都是相同的。可变的维护成本与存储使用的频率和持续时间成正比。运行检修成本一般按照运检费率乘以初始投资计算。考虑到储能系统（ESS）的使用寿命有限，系统在运行中会发生一定的耗损，产生系统寿命耗损成本。所以，在测算新型储能电站运行维护成本时，需要综合考虑总建设成本递减比例、运行维护费率、单位能量建设成本和储能能力等参数。

2.2.3 新型储能系统财务成本

财务成本是指企业在生产经营过程中为筹集资金而发生的筹资费用，财务成本一般包括银行贷款、发行债券等筹资措施产生的利息，本书中的财务成本主要考虑长期银行贷款所产生的利息。新型储能系统的财务成本与储能系统成本的比值达到 15%，经折算，约占总成本的比例为 12%。

2.2.4 新型储能系统残值

新型储能系统各部分元件寿命耗尽时，需要对其进行无害化处理，所投入的资金就是处置成本。该成本主要分为两方面：回收支出和设备残值。新型储能电站的残值率在 3%~40% 之间，具体值与技术类型有关。

回收电池在理想情况下，拆卸的电池及其化学物质可以回收利用，这可以抵减部分拆解及处置有害物质带来的损失，但最终与处置相关的成本应该包含在储能电站的总成本当中。在可预见的未来，回收价值对电池储能的经济性的影响会越来越大，原因是储能电池回收机制的建立和日益完善。但目前这一机制尚未完全建立，废锂电池的回收就面临了很多问题，因为它的回收技术复杂。电站残值是新型储能电站服役结束后除去处置成本的剩余价值。新型储能电站中的金属材料和部分器件等具有回收再利用价值。目前看来，铅蓄电池和全钒液流电池的回收价值较高，约 20%~40%。三元锂电池由于电极材料含有钴、镍等贵金属元素，回收价值约 10%~18%，而磷酸铁锂电池的回收价值较低。此外，电化学储能电站寿命终止时其功率转换部件等仍具有使用价值。在其余找到的涉及储能残值计算的内容中，大多采用了残值率估算的方法，综合来看，新型储能电站的残值率大约在其投资的 20% 左右。

新型储能各部分成本构成比例如图 2-3 所示。

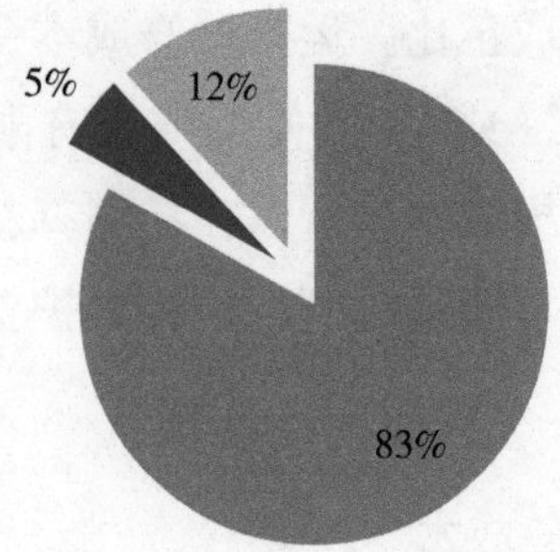

图 2-3　新型储能系统各部分成本占比

第三节　新型储能投资成本测算及预测模型构建

2.3.1 新型储能投资平准化成本测算模型

新型储能成本的平准化要求考虑储能的费用及生命周期，其中费用包括投资成本、运行成本及维护成本，有时还需考虑项目残值的效应；考虑生命周期则是指考虑新型储能在不同期间内的时间价值。这一评价方法相对有效地避免了 NPV 等方法难以在不同技术之间比较的问题，达成了各类储能技术乃至发电技术之间的可比性。新型储能项目需要从全寿命周期成本的角度考虑针对总耗电量进行平准化处理，一个原始的公式如下。根据美国国家可再生能源实验室发布的 LCOE 公式，通过计算项目运营生命周期成本及运营周期发电量，并将全运营周期成本及发电量按照固定贴现率进行平准化贴现，即可得到平准化电力成本计算公式。

$$\mathrm{LCOE}=\frac{\left[I_0+\sum_{n=1}^{N} O\,\&\,M_n\right]}{\sum_{n=1}^{N} G_n} \tag{2-2}$$

式中：I_0 表示新型储能项目初始投资，包括建设费用及设备相关购置费用，$O\&M_n$ 表示第 n 年的运行及维护成本，这一数值包括项目期内常见的人员费用、保险费用等，G_n 为第 n 年储能放电量，N 为储能使用寿命。

这一计算方式存在未考虑货币时间价值的问题，针对这一问题，本书从新型储能项目的全生命周期综合考虑几类常见电池的技术特征和使用寿命，一般的平准化成本计算主要包括了项目初始投资及后续运行维护期成本，i 为资金贴现率。储能平准化成本的主要因素为储能项目相关成本、发电量以及折现率，项目相关成本则包括前期投资以及运行维护费用。这一公式还存在改进的空间，例如受储能项目的期末残值影响。由此建立了新型储能的项目融资前的平准化成本模型（LCOE）如下：

$$\mathrm{LCOE}=\frac{\left[\mathrm{I}_0+\sum_{n=1}^{N}\frac{\mathrm{O\&M_n}}{(1+\mathrm{i})^{n}}\right]}{\sum_{n=1}^{N}\frac{\mathrm{G_n}}{(1+\mathrm{i})^{n}}} \tag{2-3}$$

式中：V 表示项目残值，i 代表资金贴现率。

2.3.2 新型储能投资成本预测模型

本部分对电化学新型储能成本未来发展趋势进行预测模型构建。学习曲线理论来衡量能源技术进步是目前国际上广泛采用的方法。学习曲线是某种活动或工具学习速率的图形化表示，又称为熟练曲线，是一种动态的生产函数。学习曲线理论起源于 20 世纪 30 年代针对飞机制造业的研究，并在后续的几十年中发展应用于其他领域。从 20 世纪 90 年代开始，由于能源技术政策分析的需要，学习曲线理论被广泛用于估计能源技术的成本变化情况。

学习曲线的基本逻辑是：当期新型能源技术单位产出的成本高于常规能源技术；然而随着新型能源技术的发展以及生产经验的积累，其单位成本呈现逐步下降的趋势。

学习曲线的原始模型可以用如下公式表示：

$$Y = aX^{b} \tag{2-4}$$

式中：Y 是产品的单位成本；a 为第一个产品的单位成本；X 为产品的累计产量；b 表示学习率指数，$0 \le b \le 1$。

对学习曲线方程两侧取对数，可转换为直线形式。因此，在计算时通常需要将学习曲线的对数形式进行线性拟合。具体步骤如下：

（1）数据搜集。按照特定时间段（以产量为标准）搜集各个时间段的产量及成本。

（2）数据处理。计算出不同累计产量水平下的单位成本，并取对数。

（3）回归分析。对因变量和自变量进行回归分析，得到回归方程。

（4）拟合优度检验。将学习曲线方程用于成本预测，并与实际情况进行比较，对原方程进行必要的修正。

目前，能源技术学习曲线有三种形式：单因素学习曲线模型，将一种能源技术单位成本描述为其累计总产量的函数。随着能源技术研究进一步深入，一些学者认为单因素学习曲线对能源技术的发展描述具有一定的局限性，进而发展出了双因素学习曲线模型。通过将研发对能源技术进步的推动作用从累计产量的增长中分离出来独立考虑，在一定程度上是对学习曲线理论的细化及有益探索。在双因素学习曲线模型的基础上，有些学者进一步从类柯布－道格拉斯生产函数的角度对能源技术学习曲线模型进行思考，得到了含有累计产量、累计知识、规模效应和投入要素价格因素的多因素能源技术学习曲线模型。

考虑数据的可获得性，本项目构建新型储能成本的双因素学习曲线模型，新型储能的成本学习曲线主要考虑新型储能的发展规模以及研发投入对新型储能初始投资成本的影响情况，鉴于数据的可获得性，本书选取典型储能行业上市公司的研发投入之和作为整体研发投入的替代变量。本书构建新型储能的成本学习曲线，对未来的新型储能成本变化趋势进行预测，其成本学习曲线可以表述为下式形式：

$$C(x_t, y_t) = C(x_0, y_0)\left(\frac{x_t}{x_0}\right)^{-\alpha}\left(\frac{y_t}{y_0}\right)^{-\beta} \tag{2-5}$$

式中：$C(x_t, y_t)$ 为新型储能技术在 t 年的单位成本；$C(x_0, y_0)$ 为新型储能技术在基准年的初始单位成本；x_t 为新型储能技术在 t 年的累计发展规模；x_0 为新型储能技术在基准年的累计发展规模；α 为累计产量弹性系数；y_t 为新型储能技术在 t 年的累积研发投入；y_0 为新型储能技术在基准年的累计研发投入；β 为累计研发投入弹性系数。

第四节　新型储能投资成本测算及预测研究

2.4.1 新型储能投资平准化成本测算

磷酸铁锂离子电池具有工作灵活性强、响应快速和充放电能力强等优点，是常见的储能电站常用的一种电池类型。选择磷酸铁锂离子电化学储能项目为例进行分析，项目容量为 30MWh，经营期为 12 年，电化学储能电池的单位价格等相关参数如表 2-1 所示。项目资金结构各方面，在 6% 的贷款利率及 8% 的自有资金收益率要求下，假定债务占比 65%、自有资金占比 35%，据此可计算得到该项目在该资本结构下加权资本成本 WACC 为 6.6%。

表 2-1　计算相关参数

参数	数值
电池的单位容量购入价格（元 /kWh）	1000
PCS 系统单位功率购入价格（元 /kW）	1000
运维成本占比	0.05%
残值率 ξ	9.80%
折现率 WACC	6.60%
可利用电量降低率	1.5%

根据相关参数，可进一步计算储能年利用电量、年现金流出等，进而根据所构建的磷酸铁锂离子电池储能平准化成本度量模型，可计算得出该磷酸铁锂离子电化学储能电站的平准化成本为 0.67 元 /kWh。

为进一步分析相关因素对新型储能平准化成本的影响，本部分将进行敏感性分析，主要考虑电池成本、PCS 系统成本、运维成本等因素。在具体计算时，控制其他影响因素保持不变，某影响因素变化一定比例后重新计算新型储能平准化度电成本。

电池成本、PCS 系统成本、运维成本这三种影响因素的敏感性分析结果如图 2-4 所示。可以看出，这三种影响因素对磷酸铁锂离子电池储能平准化度电成本的影响程度从高到低依次为电池成本、PCS 系统成本、运维成本。电池成本对磷酸铁锂离子电池储能平准化度电成本的影响最大，主要原因在于电池成本在储能电站整体成本结构中的比重相对较高，当电池成本降幅达到 40% 时，磷酸铁锂离子电池储能平准化度电成本降幅为 16.5%。故为了有效地实现降低新型储能项目平准化成本，应尽可能地降低电池成本，这需要加大技术研发以提高电池技术水平从而使成本下降。PCS 系统成本对磷酸铁锂离子电池储能平准化成本的影响较小，当 PCS 系统成本降幅达到 40% 时，磷酸铁锂离子电池储能平准化成本将下降 1.9%。运维成本对磷酸铁锂离子电池储能平准化成本影响最小，仅为 1.0%。

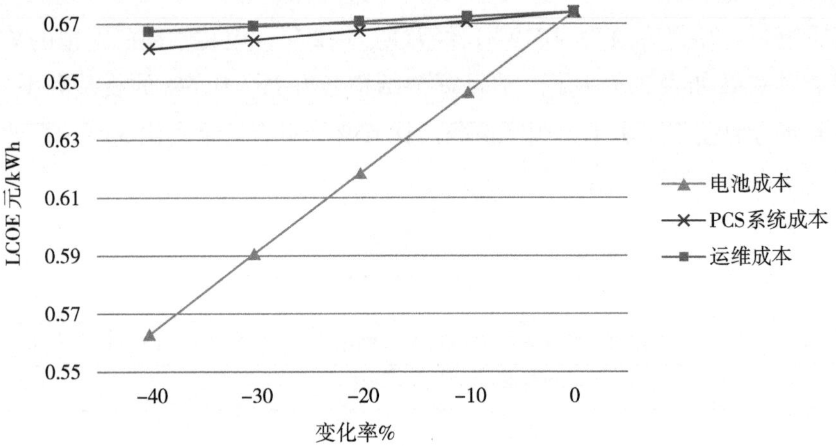

图 2–4　各因素敏感性趋势变化

2.4.2 新型储能投资成本趋势预测

由于动力电池产业链的日趋成熟，以锂离子电池为代表的电化学新型储能成本大规模下降。新能源汽车的需求加速增长，带来了动力电池企业产能的不断扩张，从而也带动了储能领域锂电池价格的快速下降。锂电池成本近 10 年来下降近九成。过去 10 年来（2010–2020），全球锂离子电池组平均价格从 7.1 元 /Wh 降至 0.9 元 /Wh，降幅达 89%，使电化学储能在历史上第一次具备了商业可行性。除电池成本外，电池外系统成本也在不同程度地下降。

收集 2010 年至 2020 年储能发展规模、企业研发支出及储能成本的原始数据，建立双因素学习曲线模型。运用最小二乘法对参数进行估计，结果如表 2–2 所示。

表 2-2　双因素学习曲线模型参数估计及显著性检验结果

Variable	Coefficient	Std. Error	t-Statistic	P>|t|	95% Conf. InerVal	
Ln（X）	-0.045	0.021	-2.200	0.079	-0.099	0.008
Ln（Y）	-0.194	0.035	-5.590	0.003	-0.284	-0.105
C	8.504	0.040	214.450	0.000	8.403	8.606
Prob>F			0			
R^2			0.9812			
Adj-R^2			0.9737			
Root MSE			0.0401			

从显著性结果可以看出，调整后的 R^2=0.9737，说明模型拟合效果较好。相伴概率 Prob（F-Statistic）=0，反映变量间呈高度线性，回归方程高度显著，选择的所有自变量对因变量的总体解释力度较强。各自变量回归系数均通过显著性检验，其中研发投入在 1% 的显著性水平下显著，发展规模在 10% 的显著性水平下显著，自变量选择较为合理。由参数估计结果得到双因素学习曲线公式：

$$C(x_t, y_t) = 0.87\left(\frac{x_t}{x_0}\right)^{-0.045}\left(\frac{y_t}{y_0}\right)^{-0.194} \tag{2-6}$$

由此计算，新型储能成本对发展规模的弹性系数为 0.045，学习率为 0.96；对企业研发投入的弹性系数为 0.194，学习率为 0.81。由此可知，研发投入的学习效果更加显著。

根据上述建立的成本学习曲线模型预测锂离子电化学新型储能成本的变化趋势，在现有发展技术水平和产业发展背景下，到 2025 年和 2030 年，锂离子电池新型储能的平准化成本将下降到 0.58 元 /Wh 和 0.35 元 /Wh。

第三章　新型储能投资收益测算研究

第一节　新型储能投资收益构成分析

3.1.1 电源侧新型储能投资收益构成

电源侧新型储能投资收益构成主要包括低储高放套利、减少新能源弃能、提供调峰调频辅助服务、参与碳市场 CCER 交易等。

电源侧新型储能可以通过低储高放的过程获得收益。在负荷低或限电时，间歇性可再生能源给储能装置充电；在负荷高或不限电时，新型储能装置向电网充电。这一应用使新型储能和可再生能源作为一个完整系统时，其输出是可调、可调度的，减少电力系统备用机组容量，使间歇性、可再生能源变得电网友好、可调度。

新能源 + 储能的配置不仅能实现能量搬移，减少限电造成电量损失，解决弃光弃风，平滑功率输出曲线，利用新型储能电池调节可以实现削峰填谷及平滑输出，更能承担调峰调频服务，增强电网调节能力，促进新能源消纳，满足调度的适时调节，根据调度实时要求输出功率。同时，分布式储能接入方式更灵活，应用更安全。在电源侧新型储能和新能源结合时减少新能源弃能可以获得收益，提供调峰调频辅助服务也能获得一定的补偿。

在“碳达峰、碳中和”目标之下，全国碳市场已经正式启动。电力行业作为首批被纳入的行业，碳交易的开展将会对其产生深远影响。火电企业被纳入全国碳市场，实施减排必然会增加其成本。随着未来配额分配收紧、免费配额比例降低等，这种成本压力将逐渐加大，作为控排企业的代表，火电可以购入电源侧储能电站的核证自愿减排量（CCER）来抵消不超过自身 5% 的经核查排放量，从而使火电自身碳排放达标，并且在此过程中电源侧新型储能电站也获得了不少的减排收益。

3.1.2 电网侧新型储能投资收益构成

新型储能系统可以改善可再生能源的并网能力，平稳传统能源发电机组出力，给发电企业带来正外部性收益。同样，新型储能系统并网运行之后也会改善电能的输送能力，给电网公司带来正外部性收益。例如，为了保证系统的安全稳定运行，电网公司需要定期投资配置一定电网设备，当配置一定容量的新型储能装置或将新型储能装置与一些电力电子设备相融合，可以减小输电线路的容量损失，有效地缓解系统震荡，也能达到保证系统安全稳定运行的目的，进而减少或延缓投资新建线路产生的费用，进而获得极大的经济效益。新型储能的基本运行特性是在低电价的负荷低谷时段充电，在高电价的负荷高峰时段放电，新型储能的这种特性可以平滑电力系统的负荷曲线，降低电网主干线路在负荷高峰时的电流，从而减少电力系统线路损耗的成本。

配电网需要增加灵活高效的设备来增强其运行管理能力和电力供应的灵活性，来应对大规模可再生能源接入后给配电网运行带来的影响，以满足用户对电能消费的互动化和个性化需求，实现多能源的互补高效利用。新型储能还能够为分布式电源的发展提供保障，例如，为直流用电设备的应用和直流配电网的建设提供支撑；提高配电网电压控制、电网潮流的抗干扰能力，增强配电网对分布式电能的消纳；平抑分布式能源发电出力的波动，降低分布式电源给电力用户电能质量带来的影响；为配电网在空间和时间上提供能量调节和功率响应能力，提高配电网设备的运行效率，优化电力资源配置。

3.1.3 用户侧新型储能投资收益构成

新型储能在用户侧领域的应用包括分时电价管理、电能质量提升和需求响应管理等方面。用户侧新型储能的投资收益也主要由这三方面构成。其中用户侧分时电价管理的应用主要取决于电力市场中执行的分时电价体系。新型储能可以根据不同类型储能的特点，针对系统发生的变化，及时有效地通过调控储能相关参数减小电压波动及闪变，进而避免出现系统中的电压暂降和暂升现象，提升供电质量。分布式储能在用户侧进行充放电运行时，可以在尽可能不改变用户用电行为的情况下实现对用户的需求响应管理。

新型储能参与用户侧建设分布式发电和微电网是储能系统在用户侧领域的

另一种应用模式。分布式发电是利用风、光、水和生物质等可再生能源和本地能够获得的天然气等化石类能源进行发电供能的技术。微网是将储能设备、分布式电源机组、能量转换设备、保护设备、监控设备以及电力负荷相集成的小型发配电系统，可以实现能量管理以及各单元的控制和保护。微网既可以进行自发自用的孤立运行，也可以参与外部电网的能量交互转化为并网运行。相对于传统的集中式发电、远距离输电构建的大电网，分布式能源与储能系统构建的微电网能够接入配电网就地平衡，不仅提供了应对负荷增长的全新模式，也能够进一步改善系统的灵活可靠性以及节能减排潜力，是解决电力供应不足和提高供电安全性的有效途径。

第二节　新型储能投资收益测算模型构建

3.2.1 电源侧新型储能投资收益模型

（1）收益分析

作为电源侧新型储能参与电力市场的大规模储能电站在第 n 年的净收益为 π_n 时，除了考虑储能低储高放套利收益外，还需要额外考虑运维成本、财务成本、税收成本、调峰收益和储能与新能源结合时参与碳市场 CCER 交易的收益，可以表示为以下公式：

$$\pi_n = p_f \times q \times \eta \times \phi \times (1-\delta)^{n-1} \times c - \left(p_c + p_y\right) \times q \times \phi \times (1-\delta)^{n-1} \times c \times (1-t) - d_n + W_1 + W_2 \quad (3\text{–}1)$$

式中：p_y 代表运维成本；t 代表税率；d_n 代表财务成本；p_f 代表用电电价，$q \times \eta \times \phi \times (1-\delta)^{n-1}$ 代表日均放电电量，q 代表新型储能电池额定容量，η 代表充放电效率；ϕ 代表电池组的放电深度，δ 代表电池容量年衰减系数；c 代表年均充放电循环次数，p_c 代表充电电价。W_1、W_2 分别表示电源侧新型储能参与调峰服务的收益和参与碳排放交易获得的收益。

财务成本 d_n 的计算公式可以表示为：

$$d_n = j_n \times i_n \quad (3\text{–}2)$$

式中：j_n 代表负债金额，i_n 代表贷款利率。

投资主体的负债反映了资产经营的杠杆水平，用 g 表示投资杠杆系数，同时假设长期贷款利率保持不变，用 i 来表示。此时，财务成本 dn 可以化简为：

$$d_n = I_0 \times g \times i \tag{3-3}$$

电源侧新型储能设备参与调峰服务也会产生收益，电源侧储能参与调峰服务的收益 W_1 可以表示为：

$$W_1 = \sum_{t=1}^{T_V}\sum_{i=1}^{N_V}\left(P_{i,t}^V \cdot \Delta t \cdot \lambda_{sub}\right) \tag{3-4}$$

式中：$P_{i,t}^V$ 为新型储能设备在 t 时段参与调峰服务的容量，λ_{sub} 为新型储能设备参与调峰服务的补偿价格；T_V 为参加调峰服务的时段，N_V 为参与调峰服务的设备总数。

碳排放交易也可以给配置新型储能的新能源发电企业带来额外的收益，企业可以在碳交易市场上作为卖方售卖自身获得的 CCER，电源侧新型储能按碳减排量占企业碳减排总量之比获取企业售卖 CCER 的收益。因此，电源侧新型储能的碳减排收益 W_2 可以表示为：

$$W_2 = P_t^c \times Q_t^c \tag{3-5}$$

$$Q_t^c = \delta Q_t^e \tag{3-6}$$

式中：W_2 为电源侧新型储能 t 年度的碳减排收入；P_t^c 为 t 年度的市场碳价；Q_t^c 为电源侧新型储能的碳减排量；δ 为碳减排因子。

（2）盈亏平衡点分析

假设新能源 + 新型储能系统在 M 年内的电池系统寿命的累计净收益等于投资，即：

$$I_0 = \frac{\pi_1}{1+R} + \frac{\pi_2}{(1+R)^2} + \ldots + \frac{\pi_M}{(1+R)^M} \tag{3-7}$$

式中：R 代表内部收益率；I_0 代表新型储能投资成本；π_i 代表电源侧新型储能第 i 年的净收益。

此时，可以计算出在盈亏平衡点，达到目标内部收益率时，放电价格应至少满足：

$$p_f = \frac{1}{\eta}\left\{ p_c + p_y + \frac{(c_j + c_d)(R+\delta)\left[R + gi - gi(1/1+R)^M\right]}{\phi c R(1-t)\left[1-(1-\delta/1+R)^M\right]} \right\} \tag{3-8}$$

此外，在已知充放电价差时，可以根据满足下列条件计算得到投资回收周期 T：

$$\frac{\pi_1}{1+r} + \frac{\pi_2}{(1+r)^2} + \ldots + \frac{\pi_T}{(1+r)^T} \geqslant I_0 \tag{3-9}$$

基于投资回收周期 T 和年平均充放电次数 c，可以计算电源侧新型储能收回成本时，充放电次数占电池全生命周期的比值 b，可以表示为：

$$b = \frac{T \times c}{N} \tag{3-10}$$

式中：N 代表电池全生命周期可充放电次数。

3.2.2 电网侧新型储能投资收益模型

电网侧新型储能电站主要作为电网替代性投资，储能优先解决变电站供电能力，缓解重过载，通过延缓电网投资带来收益。

测算电网侧新型储能在第 n 年的净收益 π_n 时，主要考虑延缓电网扩容投资带来的收益。可以表示为以下公式：

$$\pi_n = W_1 + W_2 + W_3 + W_4 - W_5 \tag{3-11}$$

式中：W_1 代表源网荷储升级投资成本；W_2 代表动态无功投资成本；W_3 代表电源配套投资成本；W_4 代表电网配套投资成本；W_5 代表建设电网侧新型储能电站投资成本。

3.2.3 用户侧新型储能投资收益模型

（1）收益分析

用户侧新型储能设备投资收益主要包括峰谷套利收益。用户侧储能在第 n 年的净收益为 π_n。

$$\pi_n = p_f \times q \times \eta \times \phi \times (1-\delta)^{n-1} \times \mathrm{c} - p_c \times q \times \phi \times (1-\delta)^{n-1} \times \mathrm{c} \qquad (3\text{–}12)$$

式中：p_f代表用电电价，$q \times \eta \times \phi \times (1-\delta)^{n-1}$ 代表日均放电电量，q 代表储能电池额定容量，η 代表充放电效率；ϕ 代表电池组的放电深度，δ 代表电池容量年衰减系数；c 代表年均充放电循环次数，p_c 代表充电电价。

（2）盈亏平衡点分析

假设用户侧投资新型储能的累计净收益在第 k 年等于投资，即：

$$I_0 = \frac{\pi_1}{(1+r)} + \frac{\pi_2}{(1+r)^2} + \ldots + \frac{\pi_k}{(1+r)^k} \qquad (3\text{–}13)$$

式中：I_0 和 π_i 的含义与式（3–7）保持一致；r 代表内部收益率。

此时，可以计算出在盈亏平衡点，达到目标内部收益率时，放电价格应至少满足：

$$p_f = \frac{1}{\eta}\left\{p_c + \frac{c_d(r+\delta)(1+r)^k}{\phi c(1-\delta)^k}\right\} \qquad (3\text{–}14)$$

可以求解出用户侧新型投资储能的回收期 k 可以表示为：

$$k = \frac{\ln\left[1 - I_0(r+\delta)/\left(p_f \times q \times \eta \times \phi \times c - p_c \times q \times \phi \times c\right)\right]}{\ln(1-\delta/1+r)} \qquad (3\text{–}15)$$

用户侧新型储能收回成本时，充放电次数占电池全生命周期的比值 b 可以表示为：

$$b = \frac{k \times c}{N} \qquad (3\text{–}16)$$

式中：N 代表电池全生命周期可充放电次数。

第三节　新型储能投资收益测算

3.3.1 电源侧新型储能投资收益测算

以“新能源＋新型储能”为实证对象，测算电源侧新型储能投资收益，并从电源侧新型储能投资的成本、收益、盈亏平衡点等角度分析电源侧投资收益情况。

新能源配置新型储能，满足《电力系统安全稳定导则》（GB 38755-2019）要求后具备优先并网的优势。新型储能系统可量化的收益来源分为弃电存储并上网获取收益及减少新能源场站深度调峰辅助服务分摊费用两部分。

1. 减少弃电带来的收益

测算思路与步骤如下：

情景一：新能源不配置新型储能，运用随机生产模拟测算年度新能源弃风弃光电量；

情景二：新能源配置对应规模的新型储能，运用随机生产模拟测算新能源弃风弃光电量；

收益来自情景二较情景一减少的弃风弃光电量。度电收益可认为等于新能源上网电价，均按照平价上网电价计算。以我国中部某省为例，利用生产模拟软件进行计算，新能源配置 10% 新型储能减少弃电收益计算结果如下表 3-1 和表 3-2 所示：

表 3-1　风电场配置 10% 新型储能通过减少弃电的收益测算

亿千瓦时、元 / 千瓦时、亿元

	2021 年	2022 年	2023 年	2024 年	2025 年
情景一弃风电量	25.3	33.2	33.3	47.1	54.2
情景二弃风电量	21.9	28.3	27.0	38.3	44.7
减少的弃电量	3.4	4.9	6.3	8.8	9.5
上网电价	0.3779	0.3779	0.3779	0.3779	0.3779
创造的收益	1.2	1.7	2.1	3.0	3.2

表 3-2　光伏电站配置 10% 新型储能通过减少弃电的收益测算

亿千瓦时、元 / 千瓦时、亿元

	2021 年	2022 年	2023 年	2024 年	2025 年
情景一弃光电量	18.3	18.1	23.5	31.3	39.5
情景二弃光电量	17.4	16.5	19.0	24.6	32.6
减少的弃电量	0.9	1.6	4.5	6.7	6.9
上网电价	0.3779	0.3779	0.3779	0.3779	0.3779
创造的收益	0.3	0.6	1.5	2.3	2.3

2. 减少深度调峰分摊费用

以河南省为例，2019 年 8 月，国家能源局河南监管办公室印发了《河南电力调峰辅助服务交易规则（试行）》的通知，完善和深化了河南省电力辅助服务补偿机制，明确了河南省电力调峰辅助服务市场化交易细则。深度调峰交易开展初期，卖方暂为统调公用燃煤火电机组，买方为集中式风电和光伏，及出力未减到有偿调峰基准的统调公用燃煤火电机组。

全网深度调峰服务费 =K× ∑（机组各分段区间对应深度调峰电量与分段区间对应出清价格乘积的合计数），在市场初期，K 暂取 1。深度调峰电量是指火电厂在各深度调峰分档区间内平均负荷率低于深度调峰基准形成的未发电量。火电机组有偿调峰基准为初始额定容量的 50%，以 15 分钟为一个计费周期，计算深度调峰服务费用。实时深度调峰交易采用“阶梯式”报价方式和价 格机制，采用负荷率分段式报价，具体分档和报价上限如表 3–3 所示。

表 3–3 深度调峰交易价格机制

档位	负荷率	报价上限（元 / 千瓦时）
第一档	40% ≤负荷率＜ 50%	0.3
第二档	35% ≤负荷率＜ 40%	0.5
第三档	30% ≤负荷率＜ 35%	0.6
第四档	负荷率＜ 30%	0.7

深度调峰服务费用来源，由市场内深度调峰交易时段负荷率大于等于调峰基准的火电厂、风电场、光伏电站按照调用时段共同分摊。

风电场、光伏电站调峰分摊金额 =［深度调峰交易时段风电场、光伏电站实际发电量 /（深度调峰交易时段参与分摊的所有火电厂高于有偿调峰基准的总发电量 + 深度调峰交易时段参与分摊的所有风电场、光伏电站总发电量）］× 调峰补偿总金额。

测算思路与步骤如下。

情景一：新能源不配置新型储能，运用随机生产模拟测算煤电深度调峰电量，以及深度调峰时段风电场、光伏电站的发电量；计算深度调峰金额以及风电场、光伏电站调峰分摊金额。

情景二：新能源配置新型储能，运用随机生产模拟测算深度调峰时段新型储能系统充电电量、煤电深度调峰电量；计算风电场、光伏电站因新型储能充电而减少的关口发电量，重新测算风电场、光伏电站调峰分摊金额；收益来自情景二较情景一减少的深度调峰分摊。

边界条件。以我国中部某省为例，全省申报的深度调峰规模为 616 万千瓦。具备深调能力的煤电机组中，100 万千瓦级别机组 8 台，最小出力 30% ~ 45%；60 万千瓦级别机组 40 台，最小出力 20% ~ 40%；30 万千瓦级别机组 34 台，最小出力 27% ~ 45%；20 万千瓦及以下级别机组 5 台，最小出力 24% ~ 45%；其余煤电机组不具备深度调峰能力，最小出力按照 50% 考虑，采暖季 30 万千瓦及以下热电机组最小出力按照 60% 考虑。

利用生产模拟软件进行计算，新能源配置 10% 新型储能减少调峰分摊费用计算结果如表 3–4 至表 3–7 所示。

表 3–4　新能源配置 10% 新型储能后调峰分摊金额测算

亿千瓦时、亿元

	2021 年		2022 年		2023 年		2024 年		2025 年	
	未配储	配置储	未配储	配置储	未配储	配置储	未配储	配置储	未配储	配置储
煤电深度调峰电量	37.6	35.1	44.1	40.8	47.0	42.0	70.9	63.3	74.3	65.5
全网深度调峰费用	14.7	13.7	17.2	16.0	18.4	16.4	27.7	24.7	29.0	25.6
深度调峰时段风电场关口发电量	87.6	85.7	119.5	114.1	132.8	117.0	255.8	164.8	222.6	181.9
深度调峰时段光伏电站关口发电量	48.7	48.2	53.8	49.1	74.5	63.8	118.2	83.4	111.5	92.0
风电场调峰分摊金额	9.4	8.8	11.9	11.2	11.8	10.6	19.0	16.4	19.3	17.0
光伏电站分摊金额	5.2	4.9	5.4	4.8	6.6	5.8	8.8	8.3	9.7	8.6

表 3–5　风电场配置 10% 新型储能通过减少调峰分摊的收益测算

亿元

	2021 年	2022 年	2023 年	2024 年	2025 年
减少的分摊金额	0.7	0.7	1.1	2.5	2.4

表 3–6　光伏电站配置 10% 新型储能通过减少调峰分摊的收益测算

亿元

	2021 年	2022 年	2023 年	2024 年	2025 年
减少的分摊金额	0.3	0.5	0.8	0.4	1.1

表 3–7　新能源配新型储能模拟测算

		2021 年	2022 年	2023 年	2024 年	2025 年	合计
投资成本	新增风电装机（万千瓦）	480	202	200	350	110	1342
	新增光伏装机（万千瓦）	125	100	400	300	40	965
	新增风电侧储能 10%（万千瓦）	48	20	20	35	11	134
	新增光伏侧储能 10%（万千瓦）	13	10	40	30	4	97
	风电侧储能投资金额（亿元）	12.48	4.8	4.4	7	1.98	30.66
	光伏侧储能投资金额（亿元）	3.38	2.4	8.8	6	0.72	21.3
减少弃电收益	上网电价（元 / 千瓦时）	0.3779	0.3779	0.3779	0.3779	0.3779	0.3779
	风电减少的弃电量（亿千瓦时）	3.4	4.9	6.3	8.8	9.5	32.9
	风电创造的收益（亿元）	1.2	1.7	2.1	3.0	3.2	11.2
	光伏减少的弃电量（亿千瓦时）	0.9	1.6	4.5	6.7	6.9	20.6
	光伏创造的收益（亿元）	0.3	0.6	1.5	2.3	2.3	7
减少调峰分摊的收益	配置储能带来深度调峰时段风电场关口发电减少量（亿千瓦时）	1.9	5.4	15.8	91	40.7	154.8
	配置储能带来深度调峰时段光伏电站关口发电减少量（亿千瓦时）	0.5	4.7	10.7	34.8	19.5	70.2
	风电减少的分摊金额（亿元）	0.7	0.7	1.1	2.5	2.4	7.4
	光伏减少的分摊金额（亿元）	0.3	0.5	0.8	0.4	1.1	3.1
	风电调峰单位收益（元/千瓦时）	0.37	0.13	0.07	0.03	0.06	
	光伏调峰单位收益（元/千瓦时）	0.60	0.11	0.07	0.01	0.06	

3.3.2 电网侧新型储能投资收益测算

结合储能系统需求和电网侧站址资源梳理情况，考虑新型储能系统设计方案优化和站址资源等不确定因素，新型储能投资估算按照 2019 年 100 万千瓦，2020 年 100 万千瓦，2021–2022 年 100 万千瓦进行测算。

考虑新型储能成本下降速度，2019 年综合造价约为 3000 元 / 千瓦时，2020 年约为 2500 元 / 千瓦时，2021~2022 年约为 2000 元 / 千瓦时。按照 2019 年建设规模 100 万千瓦 *2h 估算，投资为 60 亿元。按照 2020 年建设规模 100 万千瓦 *2h 估算，投资为 50 亿元。按照 2021 ~ 2022 年建设规模 100 万千瓦 *2h 估算，投资为 40 亿元。总投资约为 150 亿元。

根据 2018–2022 年新型储能投资总规模，以 2018 年为基准年份，按照新型储能系统运行 10 年测算，年费用约为 22.35 亿元；按照新型储能系统运行 15 年测算，年费用约为 17.52 亿元。详细测算结果如表 3–8 所示。

表 3–8 不同方案投资费用对比

序号	名称	传统解决方案	建设储能电站方案
1	总投资	源网荷储升级：13 亿元 动态无功：18.6 亿元 电网配套：50 亿元 电源配套：200 亿元 合计：281.6 亿元	150 亿元
2	年投资费用	运行 30 年：25 亿元。	运行 10 年：22.35 亿元； 运行 15 年：17.52 亿元；

从一次投资看。2018–2022 年电网新型储能系统安装容量 300 万千瓦，总投资约 150 亿元，与传统解决方案投资 281.6 亿元相比，新型储能系统投入具有较大的优势。

从年费用上看。按照新型储能系统运行 10 年计算，年费用约 22.35 亿元，相比传统解决方案投资年费用25亿元，减少年费用2.65亿元；按照15年计算，减少年费用 7.48 亿元。

3.3.3 用户侧新型储能投资收益测算

以某用户建设储能系统为例，项目装机规模为 2.5MWh，新型储能系统成本按 200 万元 /MWh 计算，则项目总投资为 500 万元。以我国中部某省为例，峰谷分时电价政策全省峰谷时段划分为：尖峰时段：18：00–22：00；高峰时段：8：00–12：00；平时段：12：00–18：00，22：00–24：00；谷时段：0：00–8：00（见表 3–9）。

表 3-9 某省网峰谷电价表

用电分类		电度电价				
		不满 1 千伏	1-10 千伏	35-110 千伏以下	110 千伏	220 千伏及以上
二、一般工商业及其他用电	尖峰时段	1.32418	1.26400	1.20559		
	高峰时段	1.18011	1.12673	1.07492	1.0046	0.9746
	平时段	0.76950	0.73550	0.70250	0.6800	0.6600
	谷时段	0.40932	0.39232	0.37582	0.3555	0.3455
三、大工业用电	尖峰时段		1.07585	1.04930	1.02275	1.00859
	高峰时段		0.95983	0.93628	0.91273	0.90017
	平时段		0.62920	0.61420	0.59920	0.59120
	谷时段		0.33917	0.33167	0.32417	0.32017

用户可能采用的充放电策略如表 3-10 所示。

表 3-10 用户侧新型储能充放电策略

时段	时长（h）	充放电策略			充放电量（kWh）
		策略一：三充二放	策略二：二充二放	策略三：一充一放	
谷：0:00~8:00	8	充电	充电	充电	Q1
高峰：8:00~12:00	4	放电	放电	放电	Q2
平：12:00~18:00	6	充电	充电	放电	Q3
尖峰：18:00~22:00	4	放电	放电	放电	Q4
平：22:00~24:00	2	充电	放电	放电	Q5

注：充放电量在充电状态数值为正，在放电状态数值为负。

假定新型储能系统放电深度为 0.9，则新型储能系统每次放电量为 2.5MWh*0.9=2.25MWh。按目前锂电池储能系统的技术水平，新型储能系统的充放电损耗取 9%，则为完成一次放电，新型储能系统的充电量为 2.25MWh/(1-9%)=2.47MWh。假定新型储能系统年利用天数为 300 天，则按该省现行峰谷电价政策计算新型储能系统的投资回收期如表 3-11 所示。

表 3-11　用户侧新型储能投资回收测算

储能充放电策略	高峰时段放电量（kWh）	尖峰时段放电量（kWh）	平时段充电量（kWh）	谷时段充电量（kWh）	每天收益（元）			投资回收期（年）		
					0.4kV一般工商业用户	10kV工商业用户	10kV大工业用户	0.4kV一般工商业用户	10kV工商业用户	10kV大工业用户
一充一放	1125	1125	–	2500	1794	1709	1442	9.3	9.8	11.6
二充二放	2475	2475	3000	2500	2866	2730	2303	5.8	6.1	7.2
三充二放	2925	2925	4000	2500	3224	3070	2589	5.2	5.4	6.4

根据上面测算以及目前已有一些用户侧储能商业化试点项目，一般峰谷电价差达到 0.6 元 /kWh 及以上时，用户侧配置新型储能才具备投资回收可能性。

第四章　新型储能综合价值研究

第一节　新型储能在电力系统中的作用分析

我国电力资源和负荷分布不均匀，用电高峰时可能出现输配电线路阻塞、供电紧张的情况，而用电低谷时有些电源密集而电网结构薄弱地区则会存在较为严重的“窝电”现象，严重影响了系统安全稳定运行。实现区域电网互联可以缓解上述问题，但容易引发新的运行问题，譬如区间功率振荡等。电储能技术突破了传统电能即发即用的限制，适用于多种应用领域，能够解决传统方法难以解决的问题。

储能从放电时间维度可分为五大功能，即备用电源功能、削峰填谷功能、功率调节功能、功率跟踪功能和抑制闪动功能等。

（1）备用电源功能是在电网故障或者供电功率不足时利用之前存储在储能设备中的电能提供备用电力的功能，其所需要的放电时间依赖于具体情况而不同，充电时间则没有要求，一般是放电结束后即开始充电。

（2）削峰填谷功能是储能在用电高峰时通过释放储存的电能使电力系统最大功率减少、在用电低谷时通过充电吸收电力系统多余电能的功能。由于峰值通常持续几个小时，削峰功能一般需要几个小时的放电时间，对充电时间没有要求，一般采用谷时充电的方式。

（3）功率调度功能是按照一定的优化目标进行充放电控制的功能。如果采用更精细的控制，充放电时间可以达到数分钟的量级。

（4）功率跟踪功能是指储能通过快速充放电来跟踪出力或负荷变化的功能。其充放电时间的要求为分钟甚至数秒的量级。

（5）抑制闪动功能是储能可以避免电网中出现的闪动或其他电能质量事件

影响到用电设备的功能。其放电时间最短，是秒级甚至毫秒级。

根据储能所具有的上述功能，新型储能在电力系统中的作用主要体现在以下几个方面。

（1）能量管理

近年来电力负荷峰谷差日益增大，给发电和调度带来很大的困难。从建设成本和环境保护的角度出发，通过新增发输配电设备来满足高峰负荷的需求变得越来越困难，同时也不经济。利用高效的大规模储能系统，通过在负荷高峰时充电、低谷时放电，能够提供调峰调频等辅助服务，实现“削峰填谷”，减小负荷峰谷差，实现发电和用电间的解耦，进而缓解相应的电源和电网建设，最大限度地提高电力设备的综合利用效率。同时，储能系统通过低储高发能够实现套利，有助于推动电力交易商业化。

（2）提高系统稳定性

电力系统稳定是电网安全运行的首要条件，随机性的扰动会造成电力系统的不稳定。将储能系统安装在发电机机端或系统重要节点处，扰动发生时，通过运行过程中控制储能充放电时间及有功、无功功率交换，能够快速平抑系统的振荡。通过协调配合使系统中的自动调节和安稳装置有时间进行调整，避免系统失稳。已有研究在单机无穷大系统上，比较分析了储能对应不同设定的切除时间时发电机功角响应情况，验证了储能可以增加故障后极限切除时间，从而阻尼系统振荡以提高系统的动态稳定性。

（3）提高电网对可再生能源的接纳能力

随着大规模风力发电和太阳能发电并入电网，其随机性和波动性的特性对电网的稳定运行造成很大负面影响。为保证可再生能源可靠供电，附加储能装置对其进行缓冲，可有效削弱新能源对电网的冲击，能够提高大容量风电场或光伏电站接入能力，提升分布式发电和微电网的可控性和可调性，增加其就地消纳和外送能力，促进可再生能源开发和利用。因此，储能能够将电力供大于求的情况下原本应弃掉的可再生能源电能存储起来，在电力供小于求下将其存储的电能释放出来，从而能提高可再生能源发电的渗透率，减少可再生能源弃能。

（4）提供调频服务

储能技术不论应用在电网侧还是新能源发电侧，在电力市场中除可通过高储低放套利获取收益外，还可以通过提供辅助服务获益，尤其调频服务在所有辅助服务中的收益潜能是最大的。在新能源大量接入以及传统机组发展受限的情况下，储能系统参与电力调频已经逐渐得到人们的重视。电化学储能的快速响应特性使其比传统调频电源精确、高效，通过动态有功控制调整出力、平抑电源或者负荷波动，维持系统频率处于允许区间。

在调频服务方面，美国拥有相对成熟的市场。受益于2011年颁布的FERC755号令，储能作为调频资源正逐步通过合理的投资回报价值在美国电力市场中迅速实现商业化。国内储能与风电场联合运行参与电网调频的运行方式目前尚处于示范阶段，如张北风光储输示范基地的风储联合系统。储能与火电厂联合运行，参与电网自动发电控制调频已实现商业化，如2013年北京石景山热电厂兆瓦级储能系统（2MW锂电池）已经挂网运行。

（5）改善电能质量

当系统发生短期电能质量问题时，储能能够快速响应系统动态变化，实现有功调节和无功控制，降低电压波动和闪变，消除电压暂降和暂升，改善功率因数，保证用户的供电质量。同时，储能装置还可作为敏感负载和重要设备的不间断电源。在诸多电能质量问题中，经常出现并给用户带来经济损失最大的是电压暂降。目前解决电压暂降问题集中在储能单元配合动态电压恢复器DVR和静止无功补偿装置STATCOM，其中快速储能单元可以由超级电容器、飞轮储能装置和超导磁储能装置实现。基于储能的电能质量环节装置不仅具有优异的电能质量控制性能，而且在经济上也变得越来越有合理性。

（6）缓解线路阻塞，提高功率传输容量

电网在恰当节点位置配置一定容量的储能后，当线路发生阻塞时，储能系统可提供响应能量满足本地供电需求，缓解输电线路的阻塞情况，显著提高线路传输容量。储能装置结合先进的电力电子设备，有助于减少输配电网络传输容量损耗。与此同时，储能配置到电网后，能够减缓尖峰负荷对输电网络扩建的需求，通过储能系统的充放电功能满足尖峰负荷，避免了电网为了满足尖峰负荷而大量投资建设的不经济性。从而，可获得因减缓或者替代新建输电线路和变配电站而产生的巨大经济效益。

第二节　新型储能对多元利益主体外部性影响分析

新型储能系统在电力系统中运行后，其具有的充放电、瞬时响应等功能将给多元利益主体（包括发电企业、电网企业、电力用户和社会等）带来影响。根据经济学理论，外部性的概念是由马歇尔和庇古在20世纪初提出的，是指一个经济主体在自己的活动中对其他经济主体的福利产生一种有利影响或不利影响，这种有利影响带来的利益（或收益）或不利影响带来的损失（或成本），都不是经济主体本人所获得或承担的，是一种经济力量对另一种经济力量“非市场性”的附带影响。因此，储能提供商为电力系统提供的储能设备将会对发电企业、电网企业、电力用户和社会等主体带来外部影响。如果储能设备是由电网企业提供，则储能给电网公司带来的影响即被内部化，但给发电企业、电力用户和社会仍然带来外部影响。储能由不同经济主体提供所带来的外部影响及内部化情况如表4–1所示。

表4–1　电力系统中储能服务的提供主体及外部性作用主体与内部化

储能服务提供主体	发电厂商	电网企业	电力用户	社会
电网企业	外部化	内部化	外部化	外部化
发电企业	内部化	外部化	外部化	外部化
电力用户	外部化	外部化	内部化	外部化
储能厂商	外部化	外部化	外部化	外部化

为不失一般性，下面将以新型储能厂商提供储能服务从而对其他利益主体带来的外部性影响进行分析。

4.2.1 新型储能给发电企业带来的外部性影响分析

新型储能系统在发电领域可提供辅助一次调频、提供冷/热备用、进行二次调频、能量转移即“削峰填谷”、电站黑启动、平衡市场备用容量等服务，这些服务能够平稳调节发电机组出力，进而使得发电机组的运行变得更加经济和高效。此外，随着大规模风力发电和太阳能发电并入电网，其随机性和波动性的特性对电网的稳定运行造成很大负面影响。为保证这些可再生能源可靠供电，附加储能装置对其进行缓冲，可有效削弱可再生能源对电网的冲击，从而提高大容量风电场或光伏电站接入能力，提升分布式发电和微电网的可控性和可调性，增加其就地消纳和外送能力，促进可再生能源开发和利用。

4.2.2 新型储能给电网企业带来的外部性影响分析

当输电网络常发生阻塞时，传统的主要解决方法是建设新的输电线路及变电站扩容，特别是为了满足尖峰负荷，电网企业需要很大的投资以提高输电网络能力（新建输电线路、变电站扩容等），但售电收益较低，使这种方式的经济性较差。在输电阻塞节点位置配置一定容量的储能后，当线路发生阻塞时，储能系统可提供响应能量满足本地供电需求，缓解输电线路的阻塞情况，显著提高线路传输容量，同时也可以满足尖峰负荷对电网输电能力的要求，避免投资量大、经济性差的输电网络的建设。储能结合先进的电力电子设备，有助于减少输配电网络传输容量损耗，提高电网公司输电网络的经济性。

4.2.3 新型储能给电力用户带来的外部性影响分析

电力用户在配置新型储能后能够实现谷时充电、峰时放电，一方面可以在不改变用户自己用电行为模式下使自己的负荷更加平稳，减小电力用户的峰谷差，以最小甚至无损失进行电力需求响应；另一方面也可以由于现存的峰谷电价差进行套利带来经济收益，在未来电力市场环境下减少电价波动给用户自己带来的影响。储能装置能够快速响应系统动态变化，实现有功调节和无功控制，降低电压波动和闪变，消除电压暂降和暂升，改善功率因数，保证用户供电质量，解决短期电能质量问题，同时储能装置还可作为敏感负载和重要设备的不间断电源，减少停电损失。

4.2.4 新型储能给社会带来的外部性影响分析

新型储能能够增加可再生能源就地消纳和外送能力，促进可再生能源开发和利用。可再生能源发电量的增加，会代替相应的传统火力发电机组的发电量，进而会减少火电机组所消耗的化石燃料，减少火电机组大气污染物的排放，减少对环境的破坏，而且可再生能源发电并网也能够减少传统火电企业发电中对水资源的消耗，节省了水资源。因此，储能配置到含可再生能源发电的电力系统中将提高可再生能源上网电量，减少可再生能源弃能量，从而替代传统火电，具有节能、节水和减排等显著环境效益，给社会带来正的外部性影响。

第三节　新型储能综合价值测度

4.3.1 新型储能应用价值评估体系

结合新型储能在电力系统中的作用及其对多元利益主体外部性影响，可得到新型储能应用的综合价值体系，如表 4–2 所示。

表 4–2　新型储能应用综合价值体系

储能功能	储能作用	作用的利益主体	价值体现
备用电源	帮助发电厂黑启动	发电企业	减少损失
	保证（重要）用户供电	电力用户	减少停电损失
削峰填谷	延缓输配电升级改造	电网企业	节省成本、提高投资效率
	电力市场套利	储能企业	获得收益
	节省输电接入和拥塞费用	电网企业	节省成本
	减少可再生能源弃能	发电企业、社会	提高收益、带来节能减排的环境效益
功率调度	降低线损	电网企业、社会	增加收益、节能减排
	输配电支撑、减少拥塞	电网企业	节省成本
功率跟踪	促进可再生能源接入	发电企业	提高收益、带来节能减排的环境效益
	负荷跟踪	发电企业	节省成本
	调频、提供旋转备用	发电企业、电网企业	节省成本
抑制闪动	提升电能质量，避免影响用电设备	电力用户	减少停电损失

表 4–2 具体给出了新型储能的各种功能在电力系统中的具体作用，作用的利益主体和对应的价值。例如，新型储能通过帮助发电厂黑启动，发电的快速恢复可以使电网尽早恢复，从而电力客户可以尽快恢复用电，发电企业可以多发电，电网企业可以多售电，电力客户可以多用电来保障生产生活，所以受益方涵盖了能源链各方；新型储能能够保证重要用户供电，为电力客户带来了直接的减少停电损失的效益，而为电网企业间接地减少了由于停电造成少售电的损失。

新型储能配置在电网侧可以实现就地削峰，从而最大化发挥延缓发电装机与延缓输配电升级改造的作用，其带来的降低投资成本的效益也分别由发电企业和电网企业获得。另外，由于新装发电机容量大于负荷的增长，发电机无法满发，造成效率的降低，从而带来更多的排放，因此延缓发电装机还可以给社会带来节能减排的效益。节省输电接入和拥塞费用直接给电网企业带来降低成本的效益。降低线损给电力公司带来直接的降低成本的效益，在用电不变的情况下线损的减少可以使发电量降低，从而减少发电机组的排放，给社会带来节能减排的效益。输配电支撑、减少拥塞等作用避免了线路重载或者过载，提高了电网的可靠性，节省了电网企业投资建设成本，提高了投资利用率。

促进可再生能源接入使得风电厂、太阳能电厂等可再生能源发电厂多发电，带来直接的收入增加。对于电力公司来说，更加平滑的可再生能源出力避免了电网中发电功率的急剧变化，使得电网稳定性得到提高。对于电力客户来说，通过安装自有的小型分布式发电并结合储能的促进可再生能源接入的作用，使得从电网购电量下降，从而降低成本。可再生能源的更多、更有效的利用，减少了化石类燃料发电，给社会带来节能减排的效益。

负荷跟踪作用直接减少了对调峰发电机的需求，减少了发电机组启停爬坡等低效率运行状态，使得发电机组可以以额定功率最大效率运行，从而降低发电厂运行成本，也会间接给社会带来节能减排的效益。调频、提供旋转备用使得电网的稳定性得以提升，另外同负荷跟踪作用类似，由于发电机无需留出一部分热备用容量，从而为发电厂降低了成本，发电机效率的提升也为社会带来节能减排的效益。储能既能够提升电能质量，避免由于闪动等电能质量问题给电力用户带来的经济损失，也能够保证电网公司供电的可靠性和安全性。

4.3.2 新型储能综合价值测度模型

由上文分析可知，从广义上说，新型储能配置电力系统后，将对发电企业、电网企业、电力用户和社会等利益主体产生外部性影响，并带来相应的外部价值。但在现实中，新型储能配置到系统中不同的节点，其产生的作用是不同的，如新型储能配置到可再生能源发电侧时，其主要起到平滑可再生能源出力、减少可再生能源弃能、减少系统辅助服务需求、减少污染物排放等；新型储能配置到电网侧时，主要起到减缓电网投资、节省输电接入和拥塞费用、减少线损和减少碳排放等作用。为不失一般性，考虑到当前新型储能在电力系统中所发生的功能及其产生的价值，综合考虑新型储能给发电企业、电网企业、电力用户和社会等利益主体带来的影响，并考虑新型储能价值在目前阶段可实现情况和行业内专家与学者的调研结论，对上述各种价值进行可变现识别，选取表征新型储能影响各利益主体、在目前阶段可变现的核心指标，具体如图4-1所示，进而构建新型储能综合价值测度模型。

图4-1 新型储能应用综合价值评估核心指标

（1）新型储能经济效益测算模型

新型储能应用在电力系统中不同场景充放电运行时，储能运营商可直接获得低储高发所带来的经济效益，计算如下：

$$W_1 = n\sum_{1}^{365}\sum_{i=1}^{m}\lambda_i P_i \Delta t_i \eta \tag{4-1}$$

式中：W_1为储能系统的"低储高发"经济效益；n为分时电价时段数；λ_i为第i时段的电价；P_i为第i时段储能系统的充放电功率；Δt_i为第i时段的时间间隔；η为储能系统的充放电效率。

（2）新型储能给发电企业带来的外部效益测算模型

新型储能配置到含可再生能源的电力系统中，将平滑可再生能源出力，减少可再生能源发电弃能，同时满足调峰需求会产生辅助服务效益。

1）增加可再生能源消纳效益

当新型储能安装在含可再生能源电力系统中，能够有效减少可再生能源发电弃能，提高可再生能源发电上网电量和消纳，这部分效益计算如下：

$$W_2 = \lambda_r \Delta E_{PW} \tag{4-2}$$

式中：W_2表示新型储能增加可再生能源并网发电的经济收益；λ_r表示可再生能源上网电价；ΔE_{PW}表示为新型储能配置后提高的可再生能源年上网电量或减少的年弃电量。

2）辅助服务效益

新型储能进行充放电运行的同时，在电力系统中也可以满足调峰需求，产生辅助服务收益，其计算如下：

$$W_3 = C_{EP} \times E_{pd} \tag{4-3}$$

式中：W_3为新型储能带来的辅助服务效益；C_{EP}为储能调峰单位电量补偿价格，E_{pd}为储能在峰时段参与调峰的年放电电量。

（3）新型储能给电网企业带来的外部效益测算模型

新型储能配置在含阻塞的电力网络中，通过低储高发可有效缓解网络阻塞，同时也能够有效缓解尖峰负荷对系统的影响，减缓电力设备投资，提高电力设备利用效率。

新型储能给电网企业带来的效益主要是延缓电力设备投资方面的效益，其计算为：

$$W_4 = C_d \eta P_{\max} \tag{4-4}$$

式中：W_4为新型储能在延缓电力设备投资方面的收益；C_d为电网设备折旧后的单位容量造价；η为储能装置的储能效率；$P_{\max}$为储能系统的额定功率。

（4）新型储能给电力用户带来的外部效益测算模型

新型储能能够提升电能质量，避免由于闪动等电能质量问题和短时停电等问题给电力用户带来的经济损失，提高电力用户用电质量及可靠性，其计算如下：

$$W_5 = v_{ul}(LF_E - LF) \tag{4-5}$$

式中：W_5为新型储能减少电力用户停电损失的收益；LF和LF_E分别为储能系统投运前后的用户年停电电量，v_{ul}为用户的单位电量停电损失。

（5）新型储能给社会带来的外部效益测算模型

新型储能给社会带来的效益主要体现在减少污染物排放的环境效益上。新型储能能够提高可再生能源上网电量，替换传统火电，从而减少污染物排放，带来环境价值。储能给社会带来的减排效益为：

$$W_6 = \sum_{i=1}^{n} \left(V_{ei} \times Q_i \right) \tag{4-6}$$

式中：W_6为新型储能减排的环境效益；V_{ei}为新型储能减少第i项排放污染物的环境价值；n为污染物总数；Q_i为第i项污染物的排放量。

（6）新型储能综合价值测算模型

根据上述建模分析，新型储能综合价值包括自身收益、给发电企业带来的外部效益、给电网企业带来的间接效益、给电力用户带来的外部效益和给社会带来的环境效益。因此，新型储能配置电力系统后带来的综合价值测度模型为：

$$W = W_1 + W_2 + W_3 + W_4 + W_5 + W_6 \tag{4-7}$$

4.3.3 新型储能综合价值测度分析

采用某省25MW光伏电站为例，该光伏电站安装2.5MW/5MWh的锂离子储能系统，寿命为8年，锂离子电池放电深度DOD为90%，整个生命周期循环寿命为4800次，系统效率为92%，上网标杆电价是0.55元/kWh。

根据该省太阳能光伏发电基础情况，25MW光伏电站的光伏弃电量为1733.83MWh，锂离子电化学储能配置后将减少弃风1733.83MWh。据此，可计算得出新型储能给可再生能源发电企业带来的增加可再生能源消纳效益为95.36万元/a。依据该省电力辅助服务市场运营规则，新型储能电站可作为市场主体参与调峰等辅助服务，电网调用储能设施参与电网调峰价格暂定为0.7元/千瓦时。根据系统模拟测算结果，可计算得出锂离子电化学储能调峰收益为38.98万元/a。综上计算，新型储能给发电企业带来的综合价值为134.34万元/年。

在新型储能给电网企业延缓电力设备投资方面，结合公司投资数据，若输变电设备寿命为25年，折现率为8%，各电压等级平均增量成本归算到与储能寿命一致，可得到各电压等级的总输电成本。新型储能给电网企业带来的延缓电力设备投资主要包括35kV、110kV和220kV相关投资，年减少投资成本分别为 1383.91 元 /kW、1193.39 元 /kW、694.29 元 /kW。据此，可计算得出锂离子电化学储能给电网企业带来的延缓电力设备投资为 588.89 万元 / 年。

在新型储能给电力用户减少停电损失方面，根据相关研究成果，电力用户停电损失约为 6314.68 元 / 分钟。该省户均年停电时间为 25.9 小时，据此可计算得出，新型储能配置到电力系统中，通过在系统停电时放电功能能够减少用户停电损失约为 981.3 万元 / 年。

在新型储能给社会带来效益方面，新型储能配置后增加每千瓦时可再生能源发电将替代 1 千瓦时火电，减少煤炭的消耗，进而能够减少 SO_2、NOx、CO_2、CO、粉煤灰、炉渣、悬浮颗粒物等污染物排放。各类污染物环境价值及常规燃煤发电机组污染物排放情况如表 4–3 所示，据此可计算得出，新型储能配置后减少 SO_2、NOx、CO_2、CO、粉煤灰、炉渣、悬浮颗粒物等污染物排放所带来的环境效益为 0.1092 元 /kWh。本例中 25MWh 太阳能光伏发电机组年上网电量为 34691.17MWh，据此可计算得出，新型储能带来的环境效益为 378.83 万元 / 年。

表 4–3 常规燃煤机组的环境成本

项目	价值标准（元 · kg^{-1}）	常规燃煤发电	
		g ·（kW · h）$^{-1}$	元 ·（kW · h）$^{-1}$
SO_2	6.00	8.56	0.0514
NO_x	8.00	3.80	0.0304
CO_2	0.023	822.80	0.0192
CO	1.00	0.12	0.0001
TSP	2.20	0.19	0.0004
灰	0.12	52.29	0.0063
渣	0.10	14.26	0.0014
合计			0.1092

第五章　新型储能电价机制设计研究

第一节　新型储能电价相关理论及设计的原则与思路

5.1.1 新型储能电价相关理论

定价机制作为定价主体、定价规则与定价过程的统称，旨在解决某种产品如何形成价格、出清及结算等规则性问题。简单来说，定价机制就是某种产品的价格形成机制。

价格形成机制是以市场资源配置为基础，以完善有效的政府宏观调控为手段，通过建立有利于产业结构优化、行业可持续发展的价格指数、完善的成本核算框架、完备的市场交易机制，引导生产、流通和消费的价格制定与调整的制度安排。作为解决商品定价问题的理论体系，价格形成机制主要由三方面内容构成：一是价格管理权限，即定价主体；二是价格形式，即价格形成的方式、途径及机理；三是价格调控方式，包括价格调控对象、目标和措施。价格形成机制有两个特点：一是企业自主制定价格；二是由市场形成价格。根据定价主体的不同，价格形成机制可以分为政府管制定价和市场化定价。以抽水蓄能电站为例，政府管制定价的价格形成机制主要包括单一电量电价、单一容量电价、两部制电价；市场化定价的价格形成机制主要指市场集中竞价。政府管制定价的优点是电价相对稳定、波动性小且便于政府宏观调控，缺点是不利于反映出市场供求关系以及商品自身价值，市场化定价恰好弥补了该缺点。

根据价值理论，价格形成机制主要有两大类：基于市场主体的价格形成机制和基于市场的价格形成机制。其中，基于市场主体的价格形成机制又可以分为基于卖方和买方两种不同的角度，基于市场的价格形成机制指基于均衡理论的价格形成机制。

1.基于成本的价格形成理论

纵看价值理论的发展过程，英国古典经济学家威廉·配第提出了劳动时间决定商品价值的观点。亚当·斯密在此基础上对劳动价值论进行了系统论述，针对交换价值和使用价值做了区分，并且首次提出了所有者的产权价值，分析了产权对定价产生的影响。大卫·李嘉图又将劳动价值论进一步完善，指出：劳动是商品价值的决定性因素，商品的价值量应该以生产该商品需要的劳动量为衡量标准。萨伊认为商品的生产过程是将多种不同的生产要素组合，商品价格的制定过程就是给这些生产要素一个合理的价格。后来，约翰·穆勒综合了各方的观点，提出商品的价值不是由某一因素单独决定，而是综合作用的结果。

根据价值分析，影响价格的因素之一就是供给价格，即卖方的价格。所有者的产权价值、生产者的劳动价值和计及外部性的补偿价值都要在供给价格中反映。卖方在价格的制定过程中往往考虑成本和利润两个方面。首先，卖方作为产品的销售方，必须考虑到成本。所制定的价格最少要弥补该产品的生产成本，不能赔本销售。其次，卖方需要考虑通过销售该商品所能获得的利润，并且想尽可能地获得更大的收益，实现交易利益的最大化。为了得到这部分预期收益，卖方也会调查市场信息，在掌握的市场信息基础上制定产品价格。

最典型的基于卖方需求的价格形成机制就是会计成本法。在实时电价理论未提出前，会计成本法是电力市场普遍使用的一种定价方法。会计成本法注重企业账面上的年度收支平衡，根据电力企业会计记录与财务报表中出现的成本记录来核算单位发电成本，将成本分摊到所有用户，再采用成本加预期利润和税金的方式制定电价。以我国电源企业为例，发电成本主要包括生产成本和财务成本。生产成本因是否随生产水平变化而变化分为固定成本和变动成本。固定成本主要包括固定资产折旧、材料费、修理费、职工工资及福利；变动成本主要指燃料费（常规机组）或抽水、充电产生的费用（以抽水蓄能电站、电化学储能为代表的储能设施）。财务成本主要指在运营期间的银行贷款利息支出。投资成本预期收益是指建设过程中投入的资本金应获得的利润以及已还贷部分资金所可能产生的收益。税金是按照国家标准由成本和利润计算所需缴纳的费用。

在实时电价理论提出后，很长一段时期内电价主要基于财务核算而确定。一般是在历史成本（或平均成本）上增加一定的附加量，附加量的大小通常取决于政府，这种定价方法称为平均成本定价法。之后根据电力市场的实际情况，出现了边际成本定价法。边际成本的概念是着眼于未来，其定义为在系统优化规划及优化运行的基础上，增加单位电能供应，而使系统增加的成本。从定义可见，以边际成本为基础的电价，其本质就是解决发展问题，为系统扩建筹集资金。同时电价给用户一个选择，用户根据增加电能消费得到的收益与增加的电费支出，决定是否增加电能消费，从而实现了负荷管理的功能。短期边际成本定价是在不考虑系统新增固定投资的前提下，依据现有资源运行优化后所产生的边际成本而制定的电价，实时电价就是短期边际成本电价的代表。在实时电价理论基础上实时电价体系被不断完善与扩充。长期边际成本是电力工业为满足不断增长的负荷需要而付出的真正成本。长期边际成本计算借助各种投资决策模型，求出不同负荷水平下的最优投资方案及相应的总费用，然后用总费用增量与负荷增量的比值作为长期边际成本的近似。长期边际成本可分为边际容量成本、边际电能成本和边际用户成本 3 个组成部分。平均成本定价法指的是在电力市场需求曲线和厂商平均成本曲线给定的条件下，由两条曲线的交点来确定产品价格的方法。是指在保持提供公共物品的企业和事业对外收支平衡的情况下，采取尽可能使经济福利最大化的定价方式。既然边际成本定价会使企业发生亏损，从而无法实现社会福利最大化，那么至少应该限制企业的超额利润，使其亏盈相抵，收支平衡。本着这样一种思想，按平均成本确定产品的价格，使社会福利达到次优状态，就成为自然垄断条件下公共定价的又一可选方法。

2. 基于需求的价格形成理论

基于买方的价格形成机制是在效用理论的基础上提出的，效用理论是从劳动价值理论的相反角度，从买方的需求出发提出的价值理论。

英国经济学家巴奇首次从买方的角度，提出某产品具有价值是因其可以为消费者带来一定效用。英国经济学家萨伊在劳动价值理论外又提出了效用价值论，指出生产只创造效用（物品满足需要的内在力量），物品的效用是物品价值的基础，劳动、资本、土地（自然力）共同创造了产品的效用，从而创造了产品的价值，还用工资、利息、地租这三种收入组成生产费用来构成价值。在 19 世纪 70 年代，英国经济学家威廉姆·斯坦利·杰文斯、奥地利经济学家卡尔·门格尔和法国经济学家里昂·瓦尔拉斯同时期提出了效用价值理论，被后人称为“边际三杰”。瓦尔拉斯认为价值取决于物品的“稀少性”，即取决于“一个单位商品的消费所满足的最后欲望的强度”，与边际成本的含义类似。三人中，门格尔把价格看成是由主观估价形成的变量，杰文斯和瓦尔拉斯主要把边际效用看作某种数学概念，把市场价格看成是需求和供给函数的变量。如经济学家汉斯·迈耶所指出的，门格尔的理论是一种价格形成理论，而非价格决定理论，它关心的是过程，而不是数学上的均衡。

从买方的角度出发，其交易利益的实现过程在于以一个尽可能低的价格获得最大预期收益，并且以较低的价格能够最终达成交易。买方价格的确定主要考虑两方面因素：首先，买方购买某产品的目的就是为了获得其带来的效用，效用决定了买方愿意支付的最高价格。效用是人们在消费及使用某商品的过程中得到的主观上的满足，是心理和生理上的主观感受。不同的人对同一种商品会产生不同主观感受和效用评价，而相同的效用评价对于财产状况不同的买方也会形成不同的价格。比如，一瓶水对口渴的人和不渴的人来说具有两种感受；同样的一瓶水对富人和乞丐来说想要支付的货币量也会不同。买方希望以尽可能小的代价获得较高的效用，想在交易过程中获得更多的交易利益。其次，预期交易利益的大小又取决于买卖双方的谈判能力，即买卖双方所处的竞争地位以及对市场信息的掌握情况。

最典型的基于买方需求的价格形成机制是边际成本法，按照边际效用学派的解释，产品价格由边际效用决定，即消费者愿意支付的价格取决于最后一个商品的效用价值。

3. 基于供求均衡的价格形成理论

均衡价格理论最早由英国经济学家马歇尔在《经济学原理》中提出，该理论是在效用理论的基础上发展而来的，以边际效用递减规律为依据，提出在其他条件不变的情况下，决定商品价格的不是商品的价值，而是由该商品的供给和需求情况决定，通过供需双方力量形成的均衡价格，也就是供给曲线和需求曲线的交点所对应的价格。具体来说，均衡价格就是某种商品供给价格与需求价格一致时的价格，在均衡价格下，该商品的供给量与需求量也相同。

均衡价格形成后，由于商品的供给和需求实现了平衡，也就形成了相对稳定的市场出清状态。这一局面是在供求双方在一样的价格条件和利益驱动下通过相互博弈形成的，无论商品价格高于或低于均衡价格，供给量和需求量的状态也在不停地改变，直至二者相等。马歇尔曾利用边际效用理论去论证供给理论，间接地用消费者愿意为某产品支付的货币量衡量边际效用，从而把需求转换为需求价格，把“边际效用递减规律”变为“需求价格递减规律”，并总结出需求的一般规律，即商品价格低则消费者需求高，价格高则消费者需求低。同时，马歇尔以生存费用论为依据，归纳出供给的一般规律，即商品价格高则卖方供给多，价格低则供给少。

当市场处于供需均衡点时，在其他市场条件不发生改变，市场的价格没有上升或者下降的趋势，该价格即为市场的出清价格。当市场的价格水平高于出清价格，生产者愿意生产的商品数量高于购买者的需求数量，市场就呈现供过于求的状态，产生“剩余”，此时市场的价格就会趋向于降低；同理，当市场的价格水平低于出清价格的时候，生产者愿意生产的商品数量低于购买者的需求，市场呈现供不应求的状态，产生“短缺”，导致商品购买者为少量商品展开竞争引起涨价。通过市场供需均衡点处相比其他点处的供需情况来看，均衡价格对市场资源的配置更加合理。市场价格可以起到引导消费者和生产者市场行为的作用，以供需均衡点价格为市场的出清价格能够更好地起到引导市场良性发展的作用。

在电力市场中，实时电价理论是在供需均衡理论的背景下提出的典型的电价理论。电力市场的竞价出清与其他产品遵从的均衡价值理论一致，市场的成交情况由电能产品的供需状况决定。电力市场中的多个市场主体根据自身情况进行价格申报，买方需求曲线按照价格的由高到低排序，卖方供给曲线按照申报价格由低到高排序，需求曲线和供给曲线的交点就是市场的出清点，对应的价格为市场统一出清价格，即所有市场主体的统一成交价格。

5.1.2 新型储能电价设计的原则与思路

（1）新型储能电价设计原则

多元发展。对各种新型储能技术同等对待，支持各种储能技术公平竞争，促进技术进步、推动产业发展。

需求导向。以满足系统调节能力需求为导向，适应电力市场建设发展进程，充分发挥市场在资源优化配置中的决定性作用。

激励约束。区别储能在电源侧、电网侧和用户侧等特性，推动电储能技术多方应用，吸引多元化的社会资本投资储能建设。通过有效的价格信号，引导电储能项目有序规范建设和安全高效运行。

公平负担。基于储能电站或设施在电力系统中的位置及发挥的作用，按“谁受益、谁承担”原则制定相关价格。

（2）新型储能电价设计思路

1）电源侧新型储能电价

电源侧新型储能主要服务所配套电源，优化电源上网供电曲线，支撑风电、光伏等非化石能源电源符合电源可控性要求，降低市场收入风险，增加发电收入。电源侧新型储能价格可以按照现行的电源侧价格政策形成，与所配套的电源一起参与电力市场，同时，加快推进电力市场建设完善市场价格机制，进一步体现电源侧储能价值。

2）电网侧新型储能电价

电网侧新型储能电站电价包括容量招标电价和电量电价。电网侧新型储能电站容量招标价上限由政府价格主管部门按弥补固定成本、实现合理收益的原则，根据经营期法测算比较各类储能设施典型（含抽水蓄能）的单位千瓦容量价后，按照最经济原则确定，新建储能电站容量招标价有效期上限暂定为8年。首次招标，可对标全国最新投产抽蓄电站容量电价水平，合理制定电网侧独立储能容量电价指导价（即价格上限），后续组织招标时，以上一年度容量电价最低中标价作为指导价。

电量电价根据电力市场建设和运行情况而定，在电力现货市场尚未运行的情况下，新型储能电站应与电源或用户自行签订中长期交易合同并按合同价格执行，难以签订中长期交易合同的，委托电网企业通过市场方式采购，新型储能用电价格执行市场采购价格，新型储能发电价格按当地电力中长期交易平均电价执行，由此产生的盈亏在其容量招标收入调整中予以考虑；在电力现货市场运行后，新型储能电站必须参与电力市场，新型储能用电电价、上网电价分别按新型储能电站储能用电、发电时段对应的电力现货市场价格执行。

3）用户侧新型储能电价

用户侧新型储能主要服务所配套的用户，通过优化负荷曲线、需量管理、支撑综合能源服务以及需求侧响应等作用，降低用户用能成本，提升用户供电可靠性。用户侧新型储能价格可以通过执行所配套的用户的电价政策，与所配套的用户一起参与电力市场。

第二节　电源侧新型储能电价机制设计

5.2.1 电源侧新型储能投资成本疏导机制分析

（1）新能源电站减少弃电增收机制

对于标杆电价较高且存在弃电的新能源电站，新型储能投资可减少自身弃电受到的损失。以我国中部某省为例，随着新能源装机的快速增长，2020 年开始出现弃风弃光现象。2020 年 11 月，该省受采暖季火电机组大开机方式以及风电出力大发的影响，省网调峰困难，11 月 17 日 23：20–18 日 6：07 启动弃风操作，共持续 6 小时 47 分钟，其间弃风电量 764.65 万千瓦时，间接损失 289 万元，若风电厂配备储能系统，则可以有效避免弃风造成的损失。

（2）调频辅助服务市场补偿机制

以山西省为例，山西恒北 1# 机单日调节深度 1607.28 兆瓦，综合性能指标 5.012628，当日出清价格 5.00 元 / 兆瓦，调节补偿费用达到 4.028384 万元。

（3）调峰辅助服务市场补偿机制

以我国中部某省电力调峰辅助服务市场为例，全年共启动交易 300 天、占总天数 82%，320 家发电企业参与交易结算，市场参与交易电量 44.43 亿千瓦时，合计补偿费用 6.9 亿元，平均挖掘调峰容量 320 万千瓦以上。全省 58 家发电厂参与辅助服务市场获得补偿收益，其中 25 家获得补偿收益超过 1000 万元；53 家电厂因自身原因导致无法提供约定的调峰服务而产生考核罚金，被考核费用累计达到 15854.2 万元；在深度调峰交易时段负荷率大于等于 50% 调峰基准的火电、风电和光伏电站也付出了相应的分摊费用。其中，发电企业分摊费用超过 400 万元的有 30 家。

（4）碳市场交易机制

碳交易即把二氧化碳排放权作为一种商品，买方通过碳交易平台向卖方支付一定金额从而获得卖方一定数量的二氧化碳排放权，从而形成了二氧化碳排放权的交易。碳交易是为减少二氧化碳排放、促进温室气体减排所提出的将二氧化碳排放权作为商品进行交易的市场机制，即鼓励减排成本低的企业超额减排，将富余的碳排放配额通过交易的方式出售给减排成本高、无法达到碳排放要求的企业，从而帮助后者达到减排要求，同时降低社会碳排放总成本。碳税和碳排放权交易均可以提供明确的碳价，目的均是将碳排放带来的负外部性内部化，体现“谁污染谁付费”的原则。碳排放权交易是将二氧化碳排放权作为资产标的进行的交易，如今碳市场已经开始运行。新型储能可以通过其在电源侧的应用，减少碳排放，从而可以在碳市场卖出多余的碳排放权获取收益，降低电源侧新型储能成本。

5.2.2 电源侧新型储能电价设计

未来随着新能源装机比例提升，弃风弃光的问题将日益突出。加强电网基建或配备储能可以有效解决弃风弃光问题。加强电网基建可以提升其负荷，使其可以承载更高功率的发电。配备发电侧新型储能则可以在电网输送通道受限 + 光伏 / 风电满负荷工作的情况下实现调峰，平滑新能源发电输出曲线，缓解电网负担。政策推动安装发电侧新型储能，相当于将部分电网建设的成本转嫁至电站，以解决消纳问题。

2021 年 7 月 21 日，国家发展改革委、国家能源局发布《关于加快推动新型储能发展的指导意见》，明确目标至 2025 年，国内新型储能（除抽水蓄能外的储能系统）装机总规模达 30GW 以上。该意见对发电侧、电网侧和用户侧储能项目建设要求分别是“大力推进电源侧储能项目建设”“积极推动电网侧储能合理化布局”“积极支持用户侧储能多元化发展”。

发电侧储能地方政策：强制安装 + 有效激励手段 + 补贴。各地发电侧政策可主要分为两类：一类是要求新能源项目必须按一定功率配比配置发电侧储能，如湖南、湖北、新疆、陕西、福建等地；一类是鼓励新能源项目按一定功率配比配置发电侧储能，同时会在项目审批、并网时给予倾斜。此外，部分地区（青海、新疆等地）会给予发电侧储能发售电量一定补贴，以提升其经济性。

7 月 29 日，国家发展改革委发布《关于进一步完善分时电价机制的通知》。通知提出，将优化峰谷电价机制，并建立尖峰电价机制。根据该通知的要求，综合考虑风电和光伏两类新能源出力的时段性特点对市场供需状况的影响，在传统市场电量电价形成机制的基础上，针对性引入峰平谷分时电量电价定价机制，引导发电企业依据自身发电边际成本，同时结合市场供需状况，分峰平谷三个时段开展竞价，使得电量电价能够体现电力中长期市场不同时段的供需差异。在分时价格信号激励下，火电企业更愿意在高峰高电价时段调增出力以参与尖峰负荷调节，同时在谷时段由于电能主市场电价太低，更愿意在谷时段参与到辅助服务市场为新能源提供调峰服务，促进新能源消纳。

假设 100MW 的运营规模，配储 20%*2h，循环次数为 7000 次，每天充放一次，按照配储后电站 4.5 元 /W 的综合成本计算，1）一类地区发电小时数为 1100h，上网电价为 0.51 元 /kWh 以上具备经济性；2）二类地区发电小时数为 1300h，上网电价为 0.42 元 /kWh 以上具备经济性；3）三类地区发电小时数为 1600h，上网电价为 0.36 元 /kWh 以上具备经济性。如果要继续提升大电站配储的经济性，需要从提高循环次数和降低成本两方面入手。以 100MW 的运营规模、配储 20%*2h 为例，假设发电小时数为 1300h，上网电价为 0.34 元 /kWh，1）若配储后电站单瓦成本 4.5 元 /W，则循环次数提升为 9000 次以上比较具备经济性；2）若循环次数为 7000 次，配储后电站成本下降至 3.6 元 /W 以下具备经济性。

第三节　电网侧新型储能电价机制设计

5.3.1 电网侧新型储能投资成本疏导机制分析

电网侧新型储能投资回收尚没有统一的机制。目前相关各省多采用租赁模式，多渠道资金补偿资金费用来解决，可以通过能源管理服务、购买低价清洁电能、参与需求侧响应等方式疏导储能成本。

以河南电网 100 兆瓦电池储能示范工程为例，总投资 3.2 亿元，采用“平高集团投资建设，河南节能服务公司运营”方式，即平高集团与国网河南电力签订合同能源管理服务合同，合同期满后储能项目资产移交国网河南电力；平高集团委托河南节能服务公司（以下简称“节能公司”）进行商业化运营。

（1）通过天中直流通道购买低价清洁电能

示范工程通过天中直流通道购买新疆低价清洁电能。经过与大唐新疆公司协商，双方同意签订 3 年期合作协议，2019 年采购电量 2.4 亿千瓦时，采取风火打捆交易，其中清洁能源电量占比 80%，火电电量占比 20%。弃风电力协议价格按 0.03 元 / 千瓦时（含税，新疆上网）执行，火电价格按 0.17 元 / 千瓦时（含税，新疆上网）执行，火电交易电量和电价由大唐新疆清洁能源有限公司负责组织落实。

（2）购买本地低价燃煤机组低谷电能

在河南电网深度调峰情况下，要求燃煤机组低谷出力达到其额定出力的 50% 及以下。经调研，对于供热机组和一些 30 万机组而言，其最小出力一般大于 50%。为避免考核和提高机组的运行效率，可以通过和发电集团协商，将储能出力与特定发电机组出力进行绑定，经调度允许后联合运行。通过这种模式，可以低价购买超过机组出力 50% 的多发电量，每千瓦时优惠空间约为 0.1–0.15 元。

（3）参与需求侧响应

在 2018 年夏季，河南省电网整体无备用容量，局部地区高峰时段供电存在缺口，为了保障电力供应，依据《关于 2018 年开展电力需求侧响应试点工作的通知》（豫发改运行〔2018〕462 号），在部分区域开展电力需求响应试点工作，参与并完成负荷消减的用户，每千瓦每次补贴 18 元（见表 5–1）。7 月 27 日，信阳龙山储能电站（容量为 9.6 兆瓦时）应邀成功参与了需求侧响应，连续 1 小时提供了 8MW 的出力，获得 14.4 万元收益补贴。100 兆瓦储能系统若全部参与电力需求侧响应，且连续 1 小时以上参与需求侧响应，按照 2019 年最新补贴标准，每次可获得补贴 180 万元（见表 5–2）。

表 5–1　2018 年需求响应补贴标准

响应类别	补贴价格（元 / 千瓦 · 次）
约定需求响应	12
实时需求响应	18

表 5–2　2019 年需求响应补贴标准

响应类别	响应时长（T，分钟）	补贴价格（元 / 千瓦 · 次）
约定需求响应	60 ≤ T ≤ 120	6
	T ＞ 120	9
实时需求响应	30 ≤ T ≤ 60	12
	60 ＜ T ≤ 120	18

5.3.2 电网侧新型储能电价设计

电网侧新型储能电站收入由容量招标收入和电量电价收入两部分构成。以下分别对两部分电价的确定方式进行分析。

（1）容量电价

电网侧新型储能的容量电费确定方式应适应电力市场建设发展进程，积极引入竞争机制，充分考虑调度因素，合理确定容量招标价及其有效期限。

省级能源主管部门根据由国家和地方能源主管部门、价格主管部门制定的竞争性招标储能电站项目省内规模和布局需求，会同省级价格主管部门和省级电网公司，进行新型储能电站项目前期可行性研究，核定新型储能电站的容量电价上限，确定具体项目建设规模。

新建新型储能电站容量招标价上限由政府价格主管部门按弥补固定成本、实现合理收益的原则，根据经营期法测算比较各类储能设施典型（含抽水蓄能）的单位千瓦容量价后，按照最经济原则确定。具体新建新型储能电站项目的容量招标价上限，按照上述方法考虑具体项目需求后确定。新建新型储能电站容量招标价有效期上限暂定为 8 年。

根据目前国家发展改革委的新型储能定价指导方案，电网侧新型储能容量电价采用对标抽水蓄能电站的方式确定。（抽水蓄能电站容量电费目前政策已经明确按照"容量电价 / 投资"指标，制定全国统一的容量电价标准）。

1）容量电价标准测算

容量招标价，对应的是所招标新型储能电站的容量的价格。不同招标项目对新型储能时长的要求存在显著差异。例如：根据时长要求的不同，储能的应用场景大致可以分为容量型（≥ 4 小时）、能量型（约 1~2 小时）、功率型（≤ 30 分钟）和备用型（≥ 15 分钟）四类。不同储能时长对单位容量或功率成本的影响差别极大。其主要受单位功率成本影响。目前电网侧新型储能以容量型为主。

容量招标价上限适宜通过经营期法计算其年度新型储能成本（Annualized Cost of Storage）的方式估算。其中，年度新型储能成本的计量单位选取为：元 / kW 年（rated kilowatt-hour（kWh）year）。

抽水蓄能电站和磷酸铁锂电池储能电站测算用的基础参数设定如下。此外，抽水蓄能电站的建设成本按照当前在建抽水蓄能电站的平均建设成本估算；磷酸铁锂电池储能电站的建设成本参照表 5-3 估算。

表 5–3　成本参照表

序号	参数	数值
1	贷款利率	4.9%
2	抽水蓄能还贷年限	25 年
3	电化学储能还贷年限	10 年
4	资本金比率	20%
5	增值税率	13%
6	所得税率	25%
7	折现率	8%
8	运营成本费率	2.5
9	电化学储能电站残值率	40%
10	抽水蓄能电站经营期	40 年
11	抽水蓄能电站折旧年限	35 年
12	电化学储能电站经营期	10 年
13	电化学储能电站折旧年限	10 年

在给定条件下按照经营期法测算可以得出，120 万千瓦抽水蓄能电站的年度成本约为 715 元 /kW 年；120 万千瓦 /4 小时磷酸铁锂储能电站的年度成本约为 1240 元 /kW 年。

2）关于容量电价指导价建议

首次组织竞争性招标时，结合实际情况，基于招标项目点储能时长要求，对标全国最新投产抽水蓄能容量电价水平，合理制定电网侧独立储能容量电价指导价。其中，储能时长 4 小时的招标电网侧独立储能项目的容量电价指导价，对标全国最新投产抽水蓄能容量电价水平的 1.5~2 倍；储能时长低于 4 小时的招标电网侧独立储能项目的容量电价指导价按照项目储能时长与 4 小时的比值等比例调整。后续组织竞争性招标时，以当地上年度容量电价最低中标价作为指导价。

（2）电量电价设计

电网侧新型储能电站电量电价根据电力市场建设和运行情况而定。

在电力现货市场尚未运行的情况下，新型储能电站应与电源或用户自行签订中长期交易合同并按合同价格执行。难以签订中长期交易合同的，委托电网企业通过市场方式采购，新型储能用电价格执行市场采购价格，新型储能发电价格按当地电力中长期交易平均电价执行，由此产生的盈亏在其容量招标收入调整中予以考虑。

在电力现货市场运行后，新型储能电站必须参与电力市场，新型储能用电电价、上网电价分别按新型储能电站储能用电、发电时段对应的电力现货市场价格执行。

为支持新型储能发展，现阶段新型储能电站储能用电量可暂不执行输配电价和政府性基金。

第四节　用户侧新型储能电价机制设计

5.4.1 用户侧新型储能投资成本疏导机制分析

（1）政府定价模式

当前，在政府定价模式下，用户侧新型储能可以从单一制电价的峰谷价差以及两部制电价的需量管理和峰谷价差共同回收。

单一制电价：单一制电价模式下主要通过峰谷分时电价回收投资，我国峰谷分时电价是考虑高峰和低谷时期用电成本差异来确定峰谷价差，目前大部分省市峰谷价差在 2~3 倍。随着用户侧新型储能的发展，负荷的时段转移会更加突出。

（2）电力市场模式

在电力市场模式下，用户侧新型储能盈利模式和盈利空间由市场交易结果和用户实际用能情况决定，同时还可从辅助服务市场中获利。

1）电能量批发市场

安装新型储能的大用户，作为独立市场主体参与市场报价，在预测低电价时段充电、高电价时段放电，可利用不同时间点的价差获取收益。

2）辅助服务市场

调峰、调频、调压、备用等不同类型辅助服务对储能的技术特性要求差异较大，用户侧新型储能参与的类型有限。现阶段仅在部分省份有调峰、调频辅助服务市场，参与新型储能主体全部为电源侧。对于用户侧新型储能，打包集成为“虚拟电厂”是未来储能参与辅助服务市场的主要模式。

5.4.2 用户侧新型储能电价设计

从国际经验来看，用户侧新型储能项目投资成本相对较低、投资回收期相对较短，投资主体多样，成本回收主要以节省电费为主，还可通过参与电网辅助服务和提供系统容量服务获取更多利润。

目前我国一般工商业和大工业用户侧新型储能主要通过削峰填谷的峰谷差获利和需量管理的基本电费降低来实现成本回收。削峰填谷适用于峰时段用电量大的用户，是目前占比最大的商业化应用，通过“谷充峰放”降低用电成本，根据不同省份峰谷时段划分的差异，充放电运行模式存在一定的不同；需量管理通过削减用电尖峰，在用户选择按照需量电费计价（最大需量一般取一个月中每 15 分钟平均负荷的最大值）的情况下，可以通过峰时放电的方式，有效减少最大需量，降低需量电费，减少用能成本。

当前，现行政府定价下的峰谷分时电价制度和两部制电价制度，分别为大工业和一般工商业用户侧新型储能提供了峰谷套利空间和需量电费管理空间，是用户侧新型储能最直接的成本回收途径。

除了分时电价和两部制电价外，高可靠性电价是一种考虑可靠性因素而制定的电价，是现行的单一制电价、两部制电价、峰谷分时电价和季节电价以外的一种电价。供电可靠性是衡量电能质量的指标之一，系统要提高可靠性，减少停电损失，必须增加系统的备用容量和备用线路。高质量的商品其价格自然要比低质量的同类商品高，所以，高可靠性电价也是未来用户侧储能电价设计的一个方向。

中国碳市场交易已正式开市，随着碳市场交易制度的不断完善和参与主体的增加，碳价的波动也会影响相关电价。因此，参与碳市场交易的电价会是未来用户侧新型储能电价设计的一个方向。

（1）分时电价

分时电价的本质是通过价格信号引导电力用户采用合理的用电结构和用电方式，形成比较平稳的电力负荷状态，提高电力资源的利用效率。从成本分摊方法上看，用户高峰时段用电需付高峰容量边际成本和电能边际成本；低谷时段用电只付低谷电能边际成本。我国峰谷分时电价从 1996 年开始推行，考虑高峰和低谷时期用电成本差异，确定峰谷价差。我国大部分地区峰谷价差在 2~3 倍。

近期，国家发展改革委发布《关于进一步完善分时电价机制的通知》主要从六个方面对现行分时电价机制做了进一步完善：

一是优化峰谷电价机制。要求各地结合当地情况积极优化峰谷电价机制，统筹考虑当地电力供需状况、新能源装机占比等因素，科学划分峰谷时段，合理确定峰谷电价价差，系统峰谷差率超过40%的地方，峰谷电价价差原则上不低于4∶1；其他地方原则上不低于3∶1。

二是建立尖峰电价机制。要求各地在峰谷电价的基础上推行尖峰电价机制，主要基于系统最高负荷情况合理确定尖峰时段，尖峰电价在峰段电价基础上上浮比例原则上不低于20%。可参照尖峰电价机制建立深谷电价机制。

三是建立健全季节性电价机制和丰枯电价机制。要求日内用电负荷或电力供需关系具有明显季节性差异的地方，健全季节性电价机制；水电等可再生能源比重大的地方，建立健全丰枯电价机制，合理确定时段划分、电价浮动比例。

四是明确分时电价机制执行范围。要求各地加快将分时电价机制执行范围扩大到除国家有专门规定的电气化铁路牵引用电外的执行工商业电价的电力用户；对部分不适宜错峰用电的一般工商业电力用户，可研究制定平均电价，由用户自行选择执行。

五是建立动态调整机制。要求各地根据当地电力系统用电负荷或净负荷特性变化，参考电力现货市场分时电价信号，适时地调整目录分时电价时段划分、浮动比例。

六是加强与电力市场的衔接。要求电力现货市场尚未运行的地方，电力中长期市场交易合同未申报用电曲线或未形成分时价格的，结算时购电价格应按目录分时电价机制规定的峰谷时段及浮动比例执行。

（2）两部制电价

两部制电价分为基本电价和电度电价两部分，分别对应电力企业向用户供应电能的固定成本和变动成本。基本电价，一般有按照最大需量（一般取一个月中每15分钟平均负荷的最大值）计费和按照变压器容量计费两种。电度电价又称电量电价，以用户用电量为标准进行计算。

在国家发展改革委《销售电价管理暂行办法》的规定中提出最大需量值由客户和电网企业共同确定，并签订合同，每月按合同确定值计收基本电费，如果客户最大需量值超过核定值的5%，则超过5%部分加倍收取。在降低一般工商业电价的过程中，《四川省发展和改革委员会关于降低我省一般工商业电价有关事项的通知》中提出，“大工业两部制电力用户可自愿选择按变压器容量或合同最大需量缴纳电费，也可选择按实际最大需量缴纳电费。”该政策的出台在一定程度上提升了储能在需量管理中的作用。

（3）高可靠性电价

现阶段，主要是将为提高可靠性的成本分摊到各个受益用电用户身上。分摊方法有三大类，一种方法是以基本电价的形式分摊；一种方法是以电度电价的形式分摊；另外一种方法是一部分分摊到电度电价，一部分分摊到基本电价。高可靠性电价可以理解为输配电价的一种特殊形式，宜实行两部制输电电价，一部分回收固定资产的投资，另一部分是短期电力电量交换效益。但由于短期电力电量交换的不确定性，难以按电量计算确定输电电价，因此，高可靠性电价宜实行单一制容量电价。从用户方考虑，由于提高了可靠性并没有使用户增加用电量，只是供电的容量成本提高了，具体操作时可以在正常的基本电价的基础上再收取可靠性加价部分。

（4）用户侧新型储能电价测算

用户侧新型储能电价机制设计环节，主要通过峰谷分时电价来实现，可以通过峰谷分时电价总收入盈亏平衡的方式对峰谷分时电价进行动态调整，根据用户负荷曲线变化和负荷峰谷差调整价格执行的时段划分及价差水平，维持储能运营。随着新型储能设备的增多，当新型储能发展规模引起峰谷负荷差异缩小，则需要调整峰谷价差逐步缩小，新型储能获利也将减少。

在新型储能系统现有成本边界下，以我国中部某省为例，测算目前电价水平的收益率和实现目标收益率所需的峰谷价差。

1）实现目标收益率所需的峰谷价差

根据表 5-4 可以看到，实现目标收益率为 0 所需的峰谷价差在 0.144 至 0.1682 元 / 千瓦时之间（均值 0.1561 元 / 千瓦时），实现目标收益率为 3% 所需的峰谷价差在 0.2876 至 0.3361 元 / 千瓦时之间（均值 0.3119 元 / 千瓦时）。实现目标收益率为 5% 所需的峰谷价差在 0.5976 至 0.6421 元 / 千瓦时之间（0.6199 元 / 千瓦时）。

表 5–4　实现目标收益率所需的峰谷价差

（元 / 千瓦时）

收益率		0%	3%	5%
1、变压器容量315千伏安及以上用电	1–10 千伏	0.1558	0.3112	0.6341
	35–110 千伏以下	0.1517	0.3031	0.6122
	110 千伏	0.1477	0.2950	0.6033
	220 千伏及以上	0.1455	0.2907	0.5988
2、变压器容量315千伏安以下用电	不满 1 千伏	0.1682	0.3361	0.6421
	1–10 千伏	0.1600	0.3196	0.6357
	35–110 千伏以下	0.1520	0.3036	0.6126
	110 千伏及以上	0.1440	0.2876	0.5976

2）目前电价水平的收益率

根据表 5–5 可以看到，在目前的工商业电价水平下，考虑一充一放，用户侧安装新型储能的收益在 4.5% 至 5.3% 之间，与 5 年期银行存款利率相当。若一天两充两放，需要配合峰谷电价差和平谷电价差综合考虑，则收益率会进一步降低。

表 5–5　目前工商业及其他用电电价水平的收益率

（元 / 千瓦时、元 / 千瓦时 / 月）

		高峰	平段	低谷	峰谷价差	容量费	收益率
1、变压器容量315千伏安及以上用电	1–10 千伏	0.94024	0.61053	0.32132	0.61892	28	4.9%
	35–110 千伏以下	0.91669	0.59553	0.31382	0.60287	28	4.7%
	110 千伏	0.89314	0.58053	0.30632	0.58682	28	4.6%
	220 千伏及以上	0.88058	0.57253	0.30232	0.57826	28	4.5%
2、变压器容量315千伏安以下用电	不满 1 千伏	1.01288	0.6568	0.34445	0.66843		5.3%
	1–10 千伏	0.96484	0.6262	0.32915	0.63569		5.0%
	35–110 千伏以下	0.91821	0.5965	0.31430	0.60391		4.8%
	110 千伏及以上	0.87158	0.5668	0.29945	0.57213		4.5%

第六章　新型储能投资回收策略研究

第一节　新型储能投资回收策略的思路

6.1.1 电源侧新型储能

在我国当前电力市场环境下，对基本辅助服务不进行补偿，会对有偿辅助服务进行市场结算。其中，基本辅助服务是发电机组必须提供的。我国目前辅助服务基本由并网的传统发电机组提供，储能系统很少能够参与辅助服务市场。但从国外的相关经验可以看出，储能在辅助服务中的应用主要包括调频服务、电压支持、调峰、备用容量。储能设备能在非满负荷状态下经济运行，可以提供本身容量 2 倍的调节能力。储能可以经济有效地提供调频服务，是优质的灵活性资源。当前，抽水蓄能在电力系统中的主要应用即为提供调峰服务。储能还能够为电网提供优质的备用辅助服务，通过其充放电运行能够调节电网有功功率，进而保障系统运行的稳定。储能还能够辅助火电机组的动态运行，提高火电机组的运行效率，降低动态运行对设备带来的额外损耗，进而带来减少燃料成本、减少机组维护和更新的成本、减少污染物的排放等收益。所以，电源侧储能可以通过参与辅助服务实现投资回收。

储能还可以平抑风电和光伏等可再生能源的发电带来的波动性和随机性影响。例如，风电具有反调峰特性，其出力高峰常常出现在夜间或凌晨，那么如果此时负荷较低，存在部分风电无法消纳从而出现弃风的情形，这时储能能够将剩余风电进行存储，进而在系统出现功率缺失时释放，以提高风电的收益；风光机组出力的不确定性会提高电力系统对其他可控发电机组作为备用容量的需求，当储能系统接入后，可以使风光机组的出力可控性增加，帮助消纳可再生能源，提高可再生能源的并网比例，并且减少其他机组预留的备用容量，甚至减少对于新建备用机组的需求。储能和风光机组的结合，消纳可再生能源以及“低储高放”也是储能投资回收策略。

6.1.2 电网侧新型储能

电网侧新型储能电站投资回收策略主要包括通过容量招标电价回收和通过电量电价回收。电网侧新型储能电站容量招标价上限由政府价格主管部门按弥补固定成本、实现合理收益的原则，根据经营期法测算比较各类储能设施典型（含抽水蓄能）的单位千瓦容量价后，按照最经济原则确定，新建新型储能电站容量招标价有效期上限暂定为8年。首次招标，可对标全国最新投产抽蓄电站容量电价水平，合理制定河南电网侧独立储能容量电价指导价（即价格上限），后续组织招标时，以上一年度容量电价最低中标价作为指导价。

电量电价根据电力市场建设和运行情况而定，在电力现货市场尚未运行的情况下，新型储能电站应与电源或用户自行签订中长期交易合同并按合同价格执行，难以签订中长期交易合同的，委托电网企业通过市场方式采购，新型储能用电价格执行市场采购价格，储能发电价格按当地电力中长期交易平均电价执行，由此产生的盈亏在其容量招标收入调整中予以考虑；在电力现货市场运行后，新型储能电站必须参与电力市场，储能用电电价、上网电价分别按储能电站储能用电、发电时段对应的电力现货市场价格执行。

为保证电站经营和管理的积极性，促进其提质增效，容量电价以电站固定成本为基础，回收绝大部分的电站固定成本，剩余成本以电量电价的形式进行回收，电量电价根据当地标杆电价进行确定，以“容量电价 + 电量电价”的模式实现电网侧新型储能电站的投资回收。

6.1.3 用户侧新型储能

用户侧新型储能主要服务所配套的用户，通过优化负荷曲线、需量管理、支撑综合能源服务以及需求侧响应等作用，降低用户用能成本，提升用户供电可靠性。用户侧新型储能投资回收策略也是从提供上述服务获益角度考虑。

第二节　电源侧新型储能投资回收策略

6.2.1 低储高放套利

在充分竞争条件下的电能量市场中，电价完全由市场供需状况决定，储能电站利用其天然的削峰填谷特性，在用电低谷时段充电，用电高峰时段出售电量，依靠足够的峰谷价差通过电量电价实现全部成本的回收。

近期，国家发展改革委发布《关于进一步完善分时电价机制的通知》主要从六个方面对现行分时电价机制做了进一步完善：优化峰谷电价机制；建立尖峰电价机制；建立健全季节性电价机制和丰枯电价机制；明确分时电价机制执行范围；建立动态调整机制；加强与电力市场的衔接。这更增加了电源侧储能电站通过低储高放套利回收绝大部分投资成本的可能。

6.2.2 回收弃风弃光电量

在清洁能源占比不断提高的过程中，以风电、光伏等新能源发电为主的清洁电力系统将逐步取代以传统化石能源发电为主的高碳排放电力系统。由于以风电、光伏为主的新能源发电具有波动性和随机性，需要增加电力系统灵活性来实现新能源电力消纳，保证系统安全稳定与经济运行。灵活性资源包括可调节的传统发电机组、具备互补性的新能源发电、储能系统、互联电网及需求响应。通过对风电、光伏空间布局和容量进行优化，可发挥其地理平滑效应，降低系统灵活性需求；电网的跨区域互联可发挥区域间用电需求和新能源发电的互补效益，为系统提供灵活调节能力；储能作为重要灵活性资源，应用场景丰富，其规模化应用可成为未来高比例清洁电力系统安全可靠运行的重要支撑。协同储能、电网互联与新能源优化布局并发挥其互补效益是提升未来高比例新能源电力系统安全经济性的重要途径。

6.2.3 提供辅助服务

储能电站不同于其他常规电源，一方面其具有削峰填谷的作用，另一方面又具有担任调频、备用和黑启动等辅助服务功能。为实现电源侧储能电站的优化利用、可持续发展，将储能电站纳入辅助服务交易市场主体，在市场中以“谁受益，谁付费”、平等自愿为基本原则，通过市场机制使辅助服务资源得到优化配置，从而促进可再生能源消纳、减轻火电机组辅助服务压力。

基于机制设计理论和外部性理论，对储能电站投运的外部性影响机理进行分析，易知储能电站的投入运行会给常规发电厂商、电网公司及环境与社会等电力系统相关主体带来显著的外部性，其辅助服务效益的受益主体具有多元化的特征。因此，不同的收益主体基于储能电站带来的效益价值按照“谁受益、谁补偿”的原则，将其所获得的外部性收益转移给储能电站。

由于储能电站的投运使得电力系统的负荷曲线发生改变，即储能电站在夜间负荷低谷时段作为电力大用户储能，减少低谷时段大型火电机组出力系数的变化，能够使常规火电机组以较为平稳的出力方式运行，进而提高火电机组的负荷率、降低机组煤耗以及因压低负荷所带来的燃料成本增加和机组运行以及维护成本的增加。按照“谁受益，谁补偿”的原则，常规火电企业应将这部分外部性收益转移给储能电站。

为实现收益转移，在辅助服务市场中储能电站与网内大型火电机组进行交易标的分别为电量和容量的交易。以容量为交易标的时，火电与储能电站约定一定时间区间、调峰容量及单位容量价格，并向市场运营机构提供交易负荷曲线。在约定范围内，火电有权要求储能电站增加负荷，实现电量增发。

以电量为交易时，交易标的为充电电量。火电机组作为卖方，储能电站作为买方，火电机组与储能电站约定电量与电量价格及交易时段，按约定向储能电站提供充电电量，既解决了储能电站的充电问题，又实现了火电的电量增发。储能系统可与新能源电厂联合参与调峰，在调峰辅助服务平台通过集中竞价进行辅助服务交易，通过提供调峰辅助服务获得补偿或减少考核罚款。

6.2.4 参与碳市场交易

电源侧储能机组通过参与碳市场可以回收部分成本，具体参与途径可以分为以下两种：一种是储能电站和可再生能源发电机组联合，依靠减少的弃能量获取额外的 CCER，通过 CCER 抵消机制参与碳市场交易，向重点控排期企业出售自愿减排量（CCER）从而回收部分成本；另一种是储能电站通过与火电企业进行配合，降低火电企业的碳排放量，让火电企业在碳市场上获得收益，然后储能电站按照合适比例从火电企业手中获得一部分收益从而回收部分成本。

6.2.5 政府激励

政府制定相关促进储能发展的激励政策能加速电源侧储能的投资回收，如PPP 储能项目融资、税收补贴等。

第三节　电网侧新型储能投资回收策略

6.3.1 参照抽水蓄能通过两部制价格机制回收

新型储能设备可参照抽水蓄能两部制电价，电量电价应体现储能电站的“电量效用”，随着市场化的推进，购电价格可以招标决定，或“直接交易”决定。容量电价应反映储能电站“系统效用”。

6.3.2 参与辅助服务市场及多渠道回收

电网侧主要是指电力市场用于调峰调频服务的项目，共占 15%。2020 年全球电网侧新增储能装机 806MW，同比增长 58%。就我国来说，电网侧储能所占比例更高，为 27%，在 2020 年新增装机 446MW，同比增长 46%。虽然目前电网侧调峰主要是依靠燃气轮机机组和抽水蓄能机组，但随着储能成本下降，电化学储能调峰的应用已经日渐增多。对抽水蓄能、磷酸铁锂、三元、铅蓄电池的度电成本进行对比，分别是 0.27 元 /kWh、0.59 元 /kWh、0.78 元 /kWh、0.94 元 /kWh，以此来推算，在 2021 年抽水蓄能仍有较大优势，磷酸铁锂在服务费 0.7 元 /kWh 以上的收益率可观，若成本下降到 0.3 元 /kWh 以内，才能有望大量参与电网调峰调频。在电网侧调峰方面，已经有多地出台政策，鼓励储能参与调峰。报告认为，调峰服务费以 0.4–0.6 元 /kWh 为主。报告认为，适当下降调峰申报价格，能使调峰向自主参与的方向发展。储能系统参与调频，电化学储能具备明显优势。国内多地采用容量补偿和里程补偿相结合的 AFC 调频服务补偿方式，补偿价格为 5–8 元 /MW。现阶段可将调峰、备用等主要辅助服务项目试行政府定价；可适时引入辅助服务市场竞价机制，通过参与辅助服务市场的模式回收投资成本，如跨区消纳清洁能源、支撑燃煤机组旋转备用、电力需求响应、现货市场交易、辅助服务、峰谷电价等多种商业模式回收。

第四节　用户侧新型储能投资回收策略

6.4.1 高峰低谷套利

用户侧新型储能可以从单一制电价的峰谷价差以及两部制电价的需量管理和峰谷价差共同回收。

2021年，国家发展改革委印发《关于进一步完善分时电价的通知》（以下简称《通知》），对我国分时电价政策提出了新的调整意见。对完善用户侧储能最重要的投资回收策略有重要意义。在峰谷电价价差比率这个关键性政策参数上，《通知》提出了具体的要求，峰谷电价价差原则上不低于3：1；上年或当年预计最大系统峰谷差率超过40%的地方，峰谷电价价差原则上不低于4：1，其他地方原则不低于3：1。该规定以目前我国各省峰谷电价价差比率的平均水平为依据，针对部分峰谷电价价差比率相对较小的省提出了具体目标。这对用户侧储能高峰低谷套利的投资回收策略提供了政策支持。

该通知还针对目前我国电力系统负荷尖峰化的问题，从提高电力设施利用率、避免用电紧张或者有序用电的角度提出了尖峰电价机制问题。目前我国很多省出现了用电紧张的局面，这种紧张往往只发生在一天中的30分钟或一年中的很短时间如10小时内。如果为了这10小时用电新建电厂和配套电网，成本会很高。合理的尖峰电价机制能够引导用户在一天内错开这短时间内的用电，在这种情况下，尖峰电价机制产生了“虚拟电厂/电网”的效果。该通知提出的“深谷电价机制”在原理上与尖峰电价机制相似，只不过在系统调峰困难的时候产生了“虚拟用户”效果。对不适宜错峰用电的一般工商业用户和居民用户是否执行分时电价也提出了可选择的意见。

分时电价执行后，必然会引起系统负荷特性的变化。峰谷价差越大，系统负荷曲线的变化也越大；分时电价可能随着政策执行很快不适用，比如时段发生了明显变化等。因此，作为分时电价政策的重要组成部分，要建立分时电价动态调整机制，根据当地电力系统用电负荷或净负荷特性变化，参考电力现货市场分时电价信号，适时地调整目录分时电价时段划分、浮动比例。要在保持分时电价相对稳定的前提下提出调整方案。同时，调整方案要尽可能与电力市场特别是现货市场运行相衔接。

6.4.2 参与需求响应

新型储能可以根据不同类型储能的特点，针对系统发生的变化，及时有效地通过调控储能相关参数减小电压波动及闪变，进而避免出现系统中的电压暂降和暂升现象，提升供电质量。分布式储能在用户侧进行充放电运行时，可以在尽可能不改变用户用电行为的情况下实现对用户的需求响应管理。通过参与用户的需求响应管理，提升供电质量，用户侧储能可以获得租赁或者服务收益作为投资回收部分资金来源。

6.4.3 辅助服务市场

对于用户侧新型储能，打包集成为“虚拟电厂”是未来储能参与辅助服务市场的主要模式。该类储能能够满足重要用电负荷用户的用电需求，提高重要用户供电可靠性。在系统波动时，还可以参与调峰辅助服务市场，为电网系统提供调峰服务。电网企业、新能源企业、负荷用户共摊储能成本。

第七章　结论及政策建议

第一节　结论

新型储能是实现“双碳”目标和构建新型电力系统的重要支撑，但当前投资成本较高、经济性差，产业处于起步发展阶段，相关政策还在不断完善中。本书对新型储能投资经济性及电价机制进行研究，包括国内外储能发展现状及相关国际经验、新型储能投资成本测算、新型储能投资收益测算、新型储能综合价值、新型储能电价机制设计、新型储能投资回收策略等核心内容，从电源侧、电网侧和用户侧三个角度对新型储能投资成本及收益、电价机制和回收策略进行了深入分析，为新型储能发展政策制定、新能源高效消纳和构建以新能源为主体的新型电力系统提供了重要参考。

1. 从技术特点看，电化学储能已成为应用领域最广泛的储能技术。锂离子电池储能、铅蓄电池储能、液流电池储能和钠硫电池储能是电化学类储能的主要形式，其中锂离子电池规模化成本效应日益显现、综合性较好。

2. 从政策支撑看，美国、欧洲、澳大利亚、日本等区域以分布式储能为主，主要通过激励政策和市场机制设计来支持储能系统的发展；国内储能开发模式普遍采用“新能源 + 储能”一体化模式，配置容量和时长方面，目前多采用“10%+2 小时”的配置要求。

3. 从成本构成看，目前磷酸铁锂离子电化学储能电站的平准化度电成本为0.67 元 /kWh，其中电池成本、PCS 系统成本、运维成本对磷酸铁锂离子电池储能平准化度电成本具有较大影响，当电池成本降幅达到 40% 时，磷酸铁锂离子电池储能平准化度电成本降幅为 16.5%。在现有发展技术水平和产业发展背景下，到 2025 年和 2030 年，锂离子电池新型储能的平准化成本将下降到 0.58 元

/Wh 和 0.35 元 /Wh。

4. 以独立主体为例，在给定 8% 内部收益率情况下，用户侧价差为 0.53-0.71 元 / 千瓦时，在当前省内销售电价峰谷价差（0.6 元 / 千瓦时）下，基本可以达到 8% 的内部收益率。

5. 可再生能源加储后成本变动幅度较低。按照目前风电光伏中标价以及储能价格，经测算，风电配 10% 和 20% 新型储能的成本将增加 4.01% 和 8.02%，发电成本增加到 391.69 元 /MWh 和 409.10 元 /MWh。光伏配 10% 和 20% 新型储能的成本将增加 6.9% 和 13.26%，发电成本增加到 363.14 元 /MWh 和 388.20 元 /MWh。

6. 从综合价值来看，以某省 25MW 光伏电站为例，新型储能给发电企业带来的综合价值为 134.34 万元 / 年，给电网企业带来的延缓电力设备投资为 588.89 万元 / 年，能够减少用户停电损失约为 981.3 万元 / 年，环境效益为 378.83 万元 / 年。

7. 电源侧新型储能电价机制，以我国中部某省为例，配置“10%+2 小时”储能，“十四五”期间电源侧新型储能收益总规模 18.2 亿元，调峰辅助服务分摊减少 10.4 亿元，相较于 52 亿元总投资，缺口为 23.4 亿元；“20%+2 小时”系统下，投资、收益和缺口规模均增加约一倍。

从配比综合情况看，在减少弃电方面新能源配置新型储能具有倍增效应；在调峰分摊方面新能源配置新型储能具有边际递减效应。建议至少配置“10%+2 小时”以上储能系统，并根据弃风弃光实际情况及调峰调频诉求，根据一事一议原则，配置“20%+2 小时”及其他比例储能系统。

“10%+2 小时”系统，2021 年新型储能投资 61 万千瓦，考虑运维、财务成本后及减少弃电收益和调峰运行收益，若 2025 年实现成本完全回收，测算还需要补贴 3.58 亿元。

测算 2021~2025 年风储、光储电站的盈亏，风电配置 10% 储能后，到 2025 年将转为盈利；光伏电站配置 10% 和 20% 储能后 2025 年前都将盈利。

8. 电网侧新型储能电价机制，电网侧新型储能电站收入由容量招标收入和电量电价收入两部分构成。在给定条件下按照经营期法测算可以得出，120 万千瓦抽水蓄能电站的年度成本约为 702 元 /kW 年；120 万千瓦 /4 小时磷酸铁锂储能电站的年度成本约为 1229 元 /kW 年。电量电价方面，要根据电力市场建设和运行情况而定。为支持新型储能发展，现阶段新型储能电站储能用电量可暂不执行输配电价和政府性基金。

9. 用户侧新型储能电价，用户侧在目前的工商业电价水平下，考虑一充一放，变压器容量 315 千伏安以上用户侧储能内部收益率在 6.89%~7.50% 之间，变压器容量 315 千伏安以下用户侧储能内部收益率在 5.74%~6.76% 之间。若一天两充两放，需要配合峰谷电价差和平谷电价差综合考虑，则内部收益率也会有所降低。

第二节　政策建议

1. 我国新型储能电价机制需遵循以下原则。一是鼓励多元发展。对各种新型储能技术同等对待，支持各种技术公平竞争，促进技术进步、推动产业发展。二是需求决定导向。以满足系统调节能力需求为导向，适应电力市场建设发展进程，充分发挥市场在资源优化配置中的决定性作用。三是激励与约束共存。区别储能在电源侧、电网侧和用户侧等特性，推动电储能技术多方应用，吸引多元化的社会资本投资储能建设。通过有效的价格信号，引导电储能项目有序规范建设和安全高效运行。四是责任公平负担。基于储能电站或设施在电力系统中的位置及发挥的作用，按照"谁受益、谁承担"的原则分摊相关费用。

2. 我国需建立峰谷电价动态调整机制。随着新型储能设备的增多，当新型储能发展规模引起峰谷负荷差异缩小，则需要调整峰谷价差逐步缩小，储能获利也将减少。定期根据负荷的变化调整峰谷分时电价，以更准确的价格信号引导用户侧储能有序发展。

3. 在调度运行方面，电网侧、电源侧新型储能可以根据调度要求参与电网运行，储能电站需预留省调直调的调度接口。制定完善配电网调度安全管控规定及调度规程，出台新型储能按照电力调度指令提供充电调峰服务的补偿机制和标准。

4. 在现货市场方面，要统筹协调电力辅助服务市场和现货市场的衔接，在鼓励新型储能参与辅助服务市场的同时，配合电力现货交易实现调峰辅助服务市场化。

参考文献

［1］王宝，叶斌，朱刘柱，邵筱宇，任曦骏，马燕如，胡光景. 峰谷电价与用户侧储能成本动态联动模型［J］. 供用电，2021，38（08）：77–82，90.

［2］BENALCAZAR P. Optimal sizing of thermal energy storage systems for CHP plants considering specific investment costs：A case study［J］. Energy，2021，234：121323.

［3］刘英军，刘亚奇，张华良，徐玉杰，陈海生. 我国储能政策分析与建议［J］. 储能科学与技术，2021，10（04）：1463–1473.

［4］文军，刘楠，裴杰，徐若晨，刘大为. 储能技术全生命周期度电成本分析［J］. 热力发电，2021，50（08）：24–29.

［5］MIAO M，LOU S，ZHANG Y，et al. Research on the optimized operation of hybrid wind and battery energy storage system based on peak–valley electricity price［J］. Energies，2021，14（12）：3707.

［6］袁家海，李玥瑶. 大工业用户侧电池储能系统的经济性［J］. 华北电力大学学报（社会科学版），2021（03）：39–49.

［7］陈启鑫，房曦晨，郭鸿业，何冠楠，张达，夏清. 储能参与电力市场机制：现状与展望［J］. 电力系统自动化，2021，45（16）：14–28.

［8］崇志强，陈培育，李树青，李振斌，郗晓光. 基于合作博弈论的 P2P 电力交易方法［J］. 电力系统及其自动化学报，2021，33（12）：87–92，100.

［9］AIZENBERG NATALIA，VOROPAI NIKOLAI. The Optimal Mechanism Design of Retail Prices in the Electricity Market for Several Types of Consumers［J］. Mathematics，2021，9（10）：1147.

［10］朱天博，邢劲，韦仲康，李守翔，邹苏郦. 区块链下计及用户价格响应的电力市场定价机制［J］. 科学技术与工程，2021，21（14）：5796–5803.

［11］叶泽，黄姗姗，王亚莉. 电力市场改革背景下抽水蓄能电站电价机制研究［J］. 价格理论与实践，2020（11）：26–29，40.

［12］LIN C，SHAO S，SUN W，et al. Can the electricity price subsidy policy curb NOX emissions from China’s coal–fired power industry? A difference–in–differences approach［J］. Journal of Environmental Management，2021，290：112367.

[13] OPREA S V, BâRA A. Devising a trading mechanism with a joint price adjustment for local electricity markets using blockchain. Insights for policy makers [J]. Energy Policy, 2021, 152: 112237.

[14] 张静，许崇庆，闫桂焕，李威. 基于山东省电力行业的碳交易市场定价研究 [J]. 时代金融，2021（03）：17-20.

[15] 刘继春，陈雪，向月，张锐锋，刘俊勇. 考虑用电形态相似度的多用户共享储能投资决策 [J]. 全球能源互联网，2021，4（01）：95-104.

[16] HYEONG JUN KIM, RAMTEEN SIOSHANSI, ANTONIO J.C.Benefits of Stochastic Optimization for Scheduling Energy Storage in Wholesale Electricity Markets [J].Journal of Modern Power Systems and Clean Energy, 2021, 9 (01): 181-189.

[17] LONG L, YANG T, LI Q, et al. Design of Distributed Electricity Trading Mechanism Based on Contract for Difference [C] //E3S Web of Conferences. EDP Sciences, 2021, 256: 01030.

[18] 乔志园. 电改形势下抽水蓄能电站电价市场化疏导机制探讨 [J]. 水电与新能源，2020，34（12）：58-62.

[19] 彭文兵，黄书旭，张潮. 电力“现货 + 中长期”市场交易下不平衡电量分摊机制优化研究——考量将电力交易价格纳入分摊方法的分析 [J]. 价格理论与实践，2020（12）：144-147.

[20] 王良缘，江岳文，王杰. 考虑参与多市场交易的电网侧储能优化配置 [J]. 电网与清洁能源，2020，36（11）：30-38.

[21] 钟声，张志翔，郭雁珩，梁志飞，艾琳，严旭，李莹. 可再生能源电力超额消纳量交易定价机制研究 [J]. 价格理论与实践，2020（06）：52-55，128.

[22] 程元，丁胜，饶尧，王宇. 压缩空气储能电站电价及经济性研究 [J]. 能源工程，2020（04）：94-98.

[23] FU Y, HUANG G, XIE Y, et al. Planning electric power system under carbon-price mechanism considering multiple uncertainties - a case study of Tianjin [J]. Journal of Environmental Management, 2020, 269: 110721.

[24] 傅旭，李富春，杨攀峰. 基于全生命周期的各类储能调峰效益比较 [J]. 供用电，2020，37（07）：88-93，43.

[25] 傅旭，李富春，杨欣，杨攀峰. 基于全寿命周期成本的储能成本分析 [J]. 分布式能源，2020，5（03）：34-38.

[26] 宋远军，何凯，石进永，柯慧敏. 基于成本分析的用户侧储能方案经济性评估模型研究 [J]. 电器与能效管理技术，2020（05）：86-90.

[27] 郝木凯，张伟，董青卫，臧传治，曾鹏. 复杂因素下的多用户共享储能系统优化 [J]. 信息与控制，2020，49（02）：242-248.

[28] 马雪松，鞠振河，靳龙飞. 基于峰谷电价的光伏储能系统研究与应用 [J]. 沈阳工程学院学报（自然科学版），2020，16（02）：6-8，15.

[29] 刘继春，陈雪，向月. 考虑共享模式的市场机制下售电公司储能优化配置及投资效益分析 [J]. 电网技术，2020，44（05）：1740–1750.

[30] KALETA M. A generalized class of locational pricing mechanisms for the electricity markets[J]. Energy Economics, 2020, 86: 103455.

[31] 刘自敏，朱朋虎，杨丹，冯永晟. 交叉补贴、工业电力降费与碳价格机制设计 [J]. 经济学（季刊），2020，19（02）：709–730.

[32] TóMASSON E, HESAMZADEH M R, SöDER L, et al. An incentive mechanism for generation capacity investment in a price-capped wholesale power market [J]. Electric Power Systems Research, 2020, 189: 106708.

[33] LUO G, HE Y, ZHAO C, et al. A time-of-use based electricity price package mechanism in retail market considering consumers' diversity [C]. E3S Web of Conferences. EDP Sciences, 2020, 182: 02009.

[34] 王冰，李磊. 巴西电力价格机制及对我国的启示 [J]. 价格理论与实践，2019（09）：83–87.

[35] LIU Z, YANG J, SONG W Z, et al. Research on cloud energy storage service in residential microgrids [J]. IET Renewable Power Generation, 2019, 13（16）：3097–3105.

[36] 徐辉，骆子雅，谢文锦，荆朝霞. 英国配电价格机制对我国增量配电网建设的启示 [J]. 广东电力，2019，32（10）：119–126.

[37] MOHAMMAD REZA SHEIBANI, GHOLAM REZA YOUSEFI, MOHAMMAD AMIN LATIFY.Stochastic price based coordinated operation planning of energy storage system and conventional power plant [J].Journal of Modern Power Systems and Clean Energy, 2019, 7（05）：1020–1032.

[38] WOLFF G, FEUERRIEGEL S. Emissions trading system of the European Union: emission allowances and EPEX electricity prices in Phase III [J]. Energies, 2019, 12（15）：2894.

[39] 何勇，王静，刘兴举，李刚，项华伟. 电价与电量结合的龙头电站效益补偿机制研究 [J]. 水力发电学报，2019，38（11）：40–48.

[40] XENOPHON A K, HILL D J. Emissions reduction and wholesale electricity price targeting using an output-based mechanism [J]. Applied energy, 2019, 242: 1050–1063.

[41] 殷惠艳，杨怡静. 完善云南省电力交易市场化价格形成机制研究 [J]. 云南水力发电，2019，35（02）：145–149.

[42] 黄志恒，邓雪微. 一种面向工业用户需求侧响应的互补电价机制 [J]. 国网技术学院学报，2019，22（01）：1–6.

[43] 陈雨果，张轩，罗钢，白杨，谭振飞，钟海旺. 用户报量不报价模式下电力现货市场需求响应机制与方法 [J]. 电力系统自动化，2019，43（09）：179–186.

[44] XUEQIN YANG. Research on Price Guidance Mechanism Based on Energy Ratio and Price Relationship [J]. Academic Journal of Humanities & Social Sciences, 2019, 2（1）:

11–21.

[45] 文福拴，林鸿基，胡嘉骅.需求响应的商业机制与市场框架初探［J］.电力需求侧管理，2019，21（01）：4–9.

[46] 袁黎，胡建军，何利平.市场化销售电价定价机制研究——基于全社会平均电能量成本视角的分析［J］.价格理论与实践，2018（12）：83–86.

[47] 王左权，曹学泸.完善电力市场交易价格机制及其监管的思考［J］.价格理论与实践，2018（04）：26–29.

[48] 熊书华，戴瑜兴，毕大强.实时电价下户用储能智能化管理［J］.电力系统及其自动化学报，2018，30（07）：132–138.

[49] 鞠秋萍.电网企业市场化售电的价格机制研究［J］.知识经济，2018（07）：76–77.

[50] YAN X, GU C, LI F, et al. Network pricing for customer–operated energy storage in distribution networks［J］. Applied energy, 2018, 212：283–292.

[51] GAO Y, XUE F, YANG W, et al. A three–part electricity price mechanism for photovoltaic–battery energy storage power plants considering the power quality and ancillary service［J］. Energies, 2017, 10（9）：1257.

[52] 吴杰，温晨阳，李珊，师庆丹.基于分时电价的光伏 – 储能系统容量优化配置［J］.电工电能新技术，2018，37（01）：23–30.

[53] LIU W, WANG S, CHEN Y, et al. Coordinate optimization of the distribution network electricity price, energy storage operation strategy, and capacity under a shared mechanism［J］. Sustainability, 2017, 9（6）：1080.

[54] CHENG C, CHEN F, LI G, et al. Market equilibrium and impact of market mechanism parameters on the electricity price in yunnan' s electricity market［J］. Energies, 2016, 9(6)：463.

[55] FARASHBASHI - ASTANEH S M, HU W, CHEN Z. Comparative study between two market clearing schemes in wind dominant electricity markets［J］. IET Generation, Transmission & Distribution, 2015, 9（15）：2215–2223.

[56] 李赫然.电力期货价格发现功能与电价形成机制的相关性研究——基于美国 PJM 电力市场的实践及对我国的启示［J］.价格理论与实践，2014（08）：90–92.

[57] ZHANG F, HU Z, SONG Y. Mixed - integer linear model for transmission expansion planning with line losses and energy storage systems［J］. IET Generation, Transmission & Distribution, 2013, 7（8）：919–928.

附　录

附录1 各省份/区域新能源配置储能的有关做法

序号	省份/区域	时间	文件	储能相关要求
1	国家	2020年	《关于应对气候变化中长期目标保障措施的实施意见》(征求意见稿)	明确储能独立市场主体地位，建立储能电站、电动车船等参与各类电力市场交易的运行方式和考核评价体系。建立健全储能管理机制和项目投资回收机制。有效拉大峰谷差等。
2	国家	2020年8月	《关于开展“风光水火储一体化”“源网荷储一体化”的指导意见》(征求意见稿)	通过价格信号引导各类电源、电力用户、储能和虚拟电厂灵活调节、多向互动，推动建立可调负荷参与承担辅助服务的市场交易机制，培育用户负荷管理能力，提高用户侧调峰的积极性。
3	国家	2021年1月	《2021年能源监管工作要点》	全面深化电力辅助服务市场。修订《发电厂并网运行管理规定》《并网发电厂辅助服务管理暂行办法》，进一步丰富辅助服务品种。完善跨省跨区辅助服务交易机制，推进南方区域、川渝省间辅助服务市场建设。积极推进储能设施、虚拟电厂等参与辅助服务市场，推动建立电力用户参与辅助服务的费用分担共享机制。
4	国家	2021年2月	《关于对“十四五”国家重点研发计划“氢能技术”等18个重点专项2021年度项目申报指南征求意见的通知》	启动实施“储能与智能电网技术”重点专项，其中涉及储能细分任务8项，包括吉瓦时级锂离子电池储能系统技术、兆瓦时级本质安全固态锂离子储能电池技术、金属硫基储能电池(基础研究类)、低成本混合型超级电容器关键技术、规模化储能系统集群智能协同控制关键技术研究及应用(共性关键技术类)、储能电池加速老化分析和寿命预测技术、储能锂离子电池智能传感技术(基础研究类)和锂离子电池储能系统全寿命周期应用安全技术。在技术研发方面，储能本体技术和系统融合发展技术仍是关键而技术多元化、多样性深化创新成为现阶段产业发展的共识。
5	国家	2021年2月	《关于加快建立健全绿色低碳循环发展经济体系的指导意见》	提出加快大容量储能技术研发推广，提升电网汇集和外送能力，储能稳定可再生能源发电的价值逐步突出，这将成为“碳达峰、碳中和”目标实现的基础技术保障。
6	华中	2020年9月	《华中区域发电厂并网运行管理实施细则》	30MW及以上的风电场、30MW及以上集中式光伏电站等并网发电机组必须具备一次调频能力。

续表

序号	省份 / 区域	时间	文件	储能相关要求
7	华北	2019 年 11 月	《第三方独立主体参与华北电力调峰辅助服务市场试点方案（征求意见稿）》	拟通过开展试点，探索将电力辅助服务市场参与方由发电侧延伸至负荷侧的新机制。其中指出满足调节容量不小于 2.5MWh、最大充放电功率不小于 5MW 等条件的储能装置、电动汽车（充电桩）、电采暖、负荷侧调节资源等可作为第三方独立主体参与华北电力调峰辅助服务市场，保障华北电网安全稳定运行，提升风电、光伏等新能源消纳空间。
8	青海	2019 年 6 月	《青海电力辅助服务市场运营规则（试行）》	储能电站可作为市场主体参与调峰等辅助服务，电网调用储能设施参与青海电网调峰价格暂定 0.7 元 / 千瓦时。准入条件为发电企业、用户侧或电网侧储能设施，充电功率在 10MW 以上、持续充电时间 2 小时以上。
9	青海	2020 年 12 月	《青海省电力辅助服务市场运营规则》（征求意见稿）	明确了“共享储能调峰”定义，交易模式分为双边协商交易和市场竞价交易，且两种模式交易后储能电站仍可用剩余电力参与电网调峰，已并网的共享储能电站项目电网调用调峰价格为 0.5 元 /kWh，较此前的 0.7 元 /kWh 下降。
10	青海	2021 年 1 月	《关于印发支持储能产业发展若干措施（试行）的通知》	将实行“新能源 + 储能”一体化开发模式，新建新能源配置储能容量原则上不低于 10%，时长 2 小时以上。 对“新能源 + 储能”项目中自发自储设施所发售的省内电网电量，给予每千瓦时 0.10 元运营补贴，经省工业和信息化厅认定使用本省产储能电池 60% 以上的项目，再增加每千瓦时 0.05 元补贴，补贴对象为 2021、2022 年投产的电化学储能项目，补贴时限暂定为 2021 年 1 月 1 日至 2022 年 12 月 31 日。
11	宁夏	2018 年 3 月	《宁夏电力辅助服务市场运营规则（试行）》	火电企业计量出口内建设的电储能设施，可与机组联合参与调峰，在深度调峰交易中抵减机组发电出力进行费用计算及补偿。深度调峰交易采用“阶梯式”报价方式，负荷率 40%~50% 报价范围 0~0.38 元 / 千瓦时，负荷率小于 40% 报价范围 0.38~0.95 元 / 千瓦时。 在风电场、光伏电站计量出口内建设的电储能设施，由电储能设施投资运营方与风电场、光伏电站协商确定补偿费用。用户侧电储能设施可与风电、光伏企业协商开展双边交易，市场初期原则上双边交易价格上下限分别为 0.2、0.1 元 / 千瓦时。
12	宁夏	2021 年 1 月	《关于加快促进自治区储能健康有序发展的指导意见（征求意见稿）》	征求意见稿提出：新能源项目储能配置比例不低于 10%、连续储能时长 2 小时以上。原则上新增项目储能设施与新能源项目同步投运，存量项目在 2022 年 6 月前完成储能设施投运。从 2021 年起，对于达到要求的新增新能源企业，在同等条件下优先获得风光资源开发权；对于达到以上要求的储能项目，支持参与电力辅助服务市场。

续表

序号	省份/区域	时间	文件	储能相关要求
13	内蒙古	2020年3月	《内蒙古自治区能源局转发国家能源局关于2020年风电、光伏发电项目建设有关事项的通知》	项目申报阶段：优先支持光伏＋储能项目建设（若普通光伏电站配置储能系统，则应保证储能系统时长为1小时及以上，配置容量达到项目建设规模的5%及以上）。
14		2021年2月	《关于报送分布式新能源项目建设三年行动计划（2021–2023年）的通知》	积极推动分布式光伏与储能、微电网等融合发展，加快分布式光伏发电的推广和利用。
15	湖北	2020年6月	《关于开展2020年平价风电和平价光伏发电项目竞争配置工作的通知》	项目申报阶段：风储项目配备的储能容量不得低于风电项目配置容量10%，且必须与风电项目同时建成投产，以满足储能要求。
16		2020年6月	《湖北电力调峰辅助服务市场运营规则（试行）》	10MW/40MWh及以上的独立电储能设施企业可作为主体参与电力调峰辅助服务市场。参与电储能调峰交易的电储能设施包括除抽水蓄能以外，以压缩空气蓄能、飞轮蓄能等为主的物理蓄能设施，和以锂电池、铅蓄电池、超级电容等为主的化学储能设施。
17	贵州	2020年1月	《贵州电力调峰辅助服务市场交易规则（试行）（征求意见稿）》	当所有涉及的燃煤机组基本调峰调用完毕后，为鼓励电储能产业发展，优先按申报价格从低到高依次调用储能调峰。当储能调峰调用完毕或无储能调峰调用资源，且至少需要1台燃煤机组提供深度调峰服务时，启动深度调峰；储能调峰最高限价0.2元/kWh。
18		2020年11月	《关于上报2021年光伏发电项目计划的通知》	鼓励风光互补、火光互补、水光互补等联合送出，鼓励区域内多家项目单位多个项目打捆联合送出，提升消纳能力；且在送出消纳受限区域，计划项目需配备10%的储能设施。
19	河南	2019年8月	《河南电力调峰辅助服务交易规则（试行）》	在发电企业计量出口内建设的电储能设施，与发电机组联合参与调峰，按深度调峰交易管理。计量出口外的电储能设施、电网侧和用户侧的电储能设施、独立电储能设施均可作为独立市场主体参与河南电力调峰辅助服务市场。电储能参与辅助服务交易规则另行制定。
20		2020年4月	《关于2020年风电、光伏发电项目建设有关事项的通知》	优先支持配置储能的新增平价项目。
21		2020年4月	《关于2020年申报平价风电和光伏发电项目电网消纳能力的报告》	鼓励风电、光伏发电项目配置足够的储能设施提高调峰能力。
22		2020年以来	/	从2020年开始，省电力公司引导新能源项目业主自行承诺配置10%储能。

续表

序号	省份 / 区域	时间	文件	储能相关要求
23	河北	2020 年 9 月	《关于征求 < 关于推进风电、光伏发电科学有序发展的实施方案（征求意见稿）> 意见的函》	支持风电光伏按 10% 左右比例配套建设储能设施；公开征求意见后方案取消。
24	江苏	2019 年 9 月	《江苏电力辅助服务（调峰）市场启停交易补充规则》	鼓励“充放电功率 20 兆瓦以上的单体储能或综合能源汇集商参与辅助服务市场”。
25	江苏	2019 年 12 月	《关于进一步促进新能源并网消纳有关意见的通知》	鼓励新能源发电企业配置一定比例的电源侧储能设施。 “加快推进电力辅助服务市场建设，鼓励和支持新能源企业优化提升机组调节性能，促进合理分摊辅助服务补偿费用”通过市场手段破解新能源消纳矛盾。
26	江苏	2020 年 6 月	《江苏电力辅助服务（调频）市场交易规则（试行）》	明确将储能电站纳入调频辅助服务市场，并给出收益计算方法。
27	江苏	2020 年 11 月	《关于江苏电网 2020–2022 年输配电价和销售电价有关事项的通知》	明确提出：进一步降低谷期电价，拉大峰谷价差，充分发挥峰谷电价移峰填谷作用，鼓励储能产业发展。虽然大工业电价整体低调，但峰谷价差进一步拉大，在 0.7158 ~ 0.7758 元之间。
28	新疆	2017 年 9 月	《关于印发 < 新疆电力辅助服务市场运营规则（试行）> 的通知》	通过火电厂计量关口出口内的储能设施与火电机组联合参与调峰解决了火电厂侧储能的共享和收益问题；对于风电、光伏侧储能，提出在风电场、光伏电站计量关口出口内建设的电储能设施，优先由所在风电场和光伏电站使用，由电储能设施投资运营方与风电场、光伏电站自主协商确定补偿费用，释放电量等同于发电厂发电量。2020 年 1 月，新疆监管局印发《关于印发 < 新疆电力辅助服务市场运营规则 > 的通知》中，风电、光伏侧及用户侧储能被剔除，仅鼓励火电机组配套建设储能。
29		2019 年 2 月	《关于在全疆开展发电侧储能电站建设试点的通知》	鼓励光伏电站合理配置储能系统，储能电站原则上按照光伏电站装机容量 20% 配置；2019 年 12 月，新疆发改委发布《关于取消一批发电侧光伏储能联合运行试点项目的通知》，取消上述试点。
30		2020 年 5 月	《新疆电网发电侧储能管理暂行规定》	鼓励“发电、售电、电力用户、独立辅助服务供应商等投资建设电储能设施”，要求“储能容量在 10MW/20MWh 以上，电储能设施根据调度指令进行充电的，按充电电量进行补偿，补偿标准为 0.55 元 / 千瓦时”。
31	浙江	2021 年 2 月	《浙江省能源发展“十四五”规划（征求意见稿）》	规划明确了先进储能技术与应用要实现跨越式发展，提出了当前储能发展面临的核心问题，有意推动储能技术研发和应用，并开展各类一体化工程建设。

续表

序号	省份/区域	时间	文件	储能相关要求
32	安徽	2018年8月	《安徽电力调峰辅助服务市场运营规则（试行）》（征求意见稿）	明确指出电力调峰辅助服务市场包含电储能调峰交易；火电厂（未包含新能源）计量出口内建设的电储能设施，与机组联合参与调峰，按深度调峰交易管理执行。发电企业计量出口外的电储能设施、用户侧的电储能设施、独立电储能设施（充电功率1万千瓦及以上、持续充电时间4小时及以上）均可作为独立市场主体参与安徽电力调峰辅助服务市场，其充放电量的电价、结算等按照国家有关规定执行。
33	甘肃	2020年1月	《甘肃省电力辅助服务市场运营暂行规则》（2020年修订版）	在新能源场站计量出口内建有储能设施的新能源场站称为储能新能源，且电储能设施与新能源场站视为整体，储能充电能力在弃风弃光时优先使用，此部分充电电量视为新能源场站增量电量。电厂或用户计量出口外的电储能设施，可与同一控制区域的新能源电厂签订双边协议形成虚拟电厂，其充电能力由虚拟电厂中弃风弃光时优先使用此部分充电电量视为新能源场站增量电量。文件指出，在新能源场站或虚拟电厂中的储能设施参与调峰辅助服务交易，申报价格上限0.5元/千瓦时。
34	南网	2018年1月	《南方区域电化学储能电站并网运行管理及辅助服务管理实施细则（试行）》	鼓励“各类市场主体投资建设储能设施，促进储能电站为电力系统运行提供辅助服务”。
35	山西	2017年11月	《关于鼓励电储能参与山西省调峰调频辅助服务有关事项的通知》	鼓励“储能设备、需求侧资源参与提供电力辅助服务，允许第三方参与提供电力辅助服务”。
36		2021年2月	《大同市关于支持和推动储能产业高质量发展的实施意见》	再次提出了增量新能源项目储能配置比例要求（配置比例不低于5%），并充分考虑了储能产品市场应用的准入标准，财政补贴和市场机制将是激发用户侧和“新能源+储能”应用活力的重要抓手。
37	湖南	2020年5月	《湖南省电力辅助服务市场交易模拟运行规则》	储能电站按充电电量报价，申报价格为充电电量的补偿价格；储能电站报价上限为500元/兆瓦时；充电电量执行峰谷分时电价；明确省调可优先调用储能电站资源。
38		2020年12月	《湖南省电力辅助服务市场交易规则（征求意见稿）》	储能电站申报价格最高不超过200元/MWh。
39		2020年以来	/	政府暂无政策要求。2020年开始，为确保新能源消纳率不低于95%。湖南公司要求新投运风电配置20%储能、光伏配置10%储能。 储能建设采用多种模式，可以新能源业主自建，也可以其他投资主体建设独立储能、新能源企业有偿租用。 储能由调度机构统一调度管理。

续表

序号	省份 / 区域	时间	文件	储能相关要求
40	天津	2021 年 2 月	《关于开展 2021 年度电力需求响应工作的通知》	需求响应和用户资源参与调峰长效机制有望在全国范围内全面铺开，储能提供服务的“增值”空间有望扩大，这也是能源服务商提高用户“黏性”的重要手段。
41	广州	2021 年 2 月	《广州市虚拟电厂实施细则（征求意见稿）》	提出将通过实施虚拟电厂需求响应，通过补贴激励机制和先进的控制、计量、通信等信息化技术手段，调用用户灵活性进行削峰填谷。
42	山东	2021 年 2 月	《2021 年全省能源工作指导意见》	积极推动储能发展。在电源侧，重点推动莱州土山昊阳“光伏 + 储能”、国能蓬莱电厂热储能、华能黄台电厂电化学储能等项目建设；在电网侧，加快推动沂蒙、文登、潍坊和泰安二期抽水蓄能电站建设；在用户侧，重点推动煤炭领域“储能 +”应急电源、电力需求响应等场景示范应用建成 1–2 个示范工程。建立独立储能共享和储能优先参与调峰调度机制，新能源场站原则上配置不低于 10% 储能设施。全省新型储能设施规模达到 20 万千瓦左右。
43		2019 年 1 月	2019 年平价光伏项目申报阶段	经省电力公司引导和鼓励，10 万千瓦及以上项目业主自行承诺配置 10% 储能设施。
44		2020 年 4 月	《关于开展储能峰谷分时电价政策试点的通知》	参与储能峰谷分时电价政策试点的用户，电力储能技术装置低谷电价在现行标准基础上，每千瓦时再降低 3 分钱。
45		2020 年 6 月	2020 年平价风电、光伏项目申报阶段	经省电力公司引导和鼓励，项目业主自行承诺配置 20% 储能、时长 2h（其中，电厂并网时同步投运不低于 10%，剩余 10% 要求 2 年内投运）。
46		2020 年 12 月	《关于修订〈山东电力辅助服务市场运营规则（试行）（2020 年修订版）〉的通知》	调峰辅助服务中的储能设施包括独立储能设施、集中式新能源场站配套储能设施等，门槛标准暂定为 5MW/10MWh，价格上限按照火电机组降出力调峰价格上限执行，若当日发生直调公用火电机组停机调峰，储能设施有偿调峰出清价格按照 0.4 元 /kWh 执行。

附录 2　国内典型用户侧储能项目

应用场景	典型案例	具体情况
峰谷套利	无锡新加坡工业园大规模铅炭储能电站项目	无锡新加坡工业园储能电站项目位于无锡新加坡工业园，由南都电源投资建设，于 2017 年 12 月正式投运。该项目总投资约 25600 万元，储能系统规模为 20MW/160MWh，采用铅炭电池是全球工商业用户侧最大的削峰填谷电储能电站。
需量管理	淮安淮胜电缆储能多场景应用电站项目	淮安淮胜电缆储能项目位于淮安市南瑞集团淮胜电缆公司内，由欣旺达公司投资建设，于 2017 年 3 月正式投运。项目总投资 380 万元，储能系统规模为 0.5MW/1.37MWh，采用磷酸铁锂电池，定位为储能多应用场景示范项目。最有经济性的应用为该电缆公司提供需量管理。
光储	南通中天科技河口集装箱群光储一体化电站项目	南通中天科技河口集装箱群储能电站项目位于南通市如东县中天科技公司内，由中天科技投资建设，于 2018 年 1 月开始试运行。该项目总投资 2500 万元，储能系统规模为 1.5MW/6MWh 采用磷酸铁锂电池，同时建设 16MWP 光伏，是江苏省经信委重点建设的集装箱储能示范项目，能够为储能与分布式光伏一体式电站提供设计依据和运行数据。
储充	上海嘉定国际汽车城光储充电站项目	嘉定国际汽车城光储充电站项目由嘉定国际汽车城投资建设，总投资 800 万元。建设规模为三组光伏系统，总装机容量为 82.32kW；一套 150kW/130kWh 储能系统，三组磷酸铁锂储能电池，其中一组为梯次利用电池；30kW、120kW 直流充电桩各 1 台，3.3kW 交流充电桩 10 台；一套能量管理系统。电站于 2016 年 10 月建成投运。
梯次利用	常州溧阳中关村科技园退役动力电池梯次利用储能电站项目	常州溧阳中关村科技园退役动力电池梯次利用项目，由溧阳中关村科技园投资，上海煦达新能源科技有限公司建设，总投资约 100 万元，采用磷酸铁锂电池，储能系统规模为 0.18MW/1.1MWh，于 2017 年 10 月正式投运。
调频辅助服务	宁德时代 晋江闽投储能电站	晋江闽投储能电站（又称桐林储能电站）是国内单体规模最大的电网侧站房式锂离子电池储能电站，一期规模为 30MW/100MWh。储能系统循环寿命 10000 次以上，响应速度为毫秒级，转换效率达到 94%。一期项目总投资为 2.68 亿元，其中储能系统投资为 1.4 亿元。

续表

应用场景	典型案例	具体情况
调频辅助服务	阳光电源 佛山恒益电厂火储联合调频项目	恒益电厂储能调频项目规模为 20MW/10MWh，通过与火电机组进行 AGC 联合调频，有效改善了火电厂整体调频性能和里程，机组综合调频性能指标 K_p 值由原来的 0.6 提升至 2.3 左右，提高火电厂调频补偿收益。
AGC 调频	深圳科陆 海丰电厂储能 辅助调频示范项目	海丰电厂储能辅助调频示范项目规模为 30MW/14.93MWh，通过与火电机组进行 AGC 联合调频，有效改善了火电厂整体调频性能和里程机组综合调频性能指标 K_p 值由原来的 0.8 提升至 2 以上，日均调节里程由 3500MW 提升至 15000MW，机组单位调节里程收益成倍增加。